NIKKEI BUNKO 日経文庫

# キャリアデザイン入門[I] 基礎力編

大久保幸夫

日本経済新聞出版社

# まえがき――キャリアデザインは生涯のテーマ

キャリアデザイン。この重要で、よくわからない、やっかいなテーマと格闘するために本書はある。入門書としてはしっかりと理論を語るべきところだろうが、理論は実践に必要不可欠な最低限のものにとどめて、「何をするべきか」を主に伝えようと考えている。

キャリアの問題が、重要な問題として認識されればされるほど、新たな問題を生み出しているように思う。それはキャリアデザインという概念が日本においてあまりにも歴史が浅いために起こる誤解や混乱の結果であり、キャリアを考えることによって、むしろ道に迷う人を増やしてしまっているように思うのだ。

若年の「自分探し」などはその典型だろう。キャリアデザインを重視するばかりに、内省を繰り返し、答えのない迷路に入り込んでしまうのである。それはミドルエイジも同じことで、ある時期から自分の存在価値すらわからなくなってしまう漂流者が続出する。定年退職時には理想を追いかけてのからまわりか、あきらめが蔓延する。

これではキャリアが楽しくない。本来、自分が将来にわたってどのような、そしてどのように仕事をしていこうか考えることは楽しい作業のはずなのだが、苦痛になってしまいかねない。そしてふと気がつくと、懸命に悩んでいる自分が「フリーター」「ニート」と呼ばれてみたり、「リストラ対象者」「長期失業者」と呼ばれてみたり、「二〇〇七年問題」などと呼ばれて、社会問題になってしまっている。もうこの繰り返しはやめよう。これが本書の問題意識である。

次に、キャリアデザインの目標を確認しよう。それは「キャリアの成功」である。キャリアの成功と思える状態とは以下のような状態だと私は考えている。

――キャリアの成功とは、自己イメージ（アイデンティティ）と照らし合わせた基準で、仕事にフィット感・納得感がある状態であり、世の中の一般的基準による「他人より多い収入」とか「同期よりも早い出世」とか「名誉ある地位」とか「あふれるほどの資格」とかではない、仕事を通じて自分が活かされていると実感でき、幸福感を味わえる状態である――

言葉を換えれば、そのような職業に最終的に出会えて、その仕事で活躍できたかどうかがキャリアの成功か否かを決めるのだ。自分らしい仕事にめぐりあったとき「これまで経験してきたことは一つとして無駄ではなかった」と思えるだろう。もしかしたら生まれたときからこの仕事をすることが運命として決まっていたのではないかと思ってしまうほど、選んでみて納得できるのである。

ただしキャリアの成功実感は、キャリアの初期に感じることはまずない。いや、むしろ晩年になって自分の職業人生を振り返ったときに実感することのほうが多いと思う。それだけわかりにくいものなのだが、早く実感できないとあせってしまう。

それでは「キャリアの成功」を実現するために、どのような思考と行動が必要なのか。それをはっきりさせたい。

最後にその方法である。キャリアを成功させる方法は、年齢段階（もしくはキャリア段階）に応じて、適切に行動し、能力を高めていくことだと私は考えている。そこで、年齢段階に沿って、キャリアデザインのポイントを解説していくことにしよう。加えて、必要な能力と、その身につけ方について、別立てで詳しく解説していくことにする。

本書は、その結果、前編「基礎力編」（『キャリアデザイン入門Ⅰ』）と後編「専門力編」（同

Ⅱ）という人生の前半と後半に分けられることになった。どちらからお読みいただいても構わない。一人でも多くの読者の方にキャリアデザインについて、そのイメージを掴んでもらえれば何よりの大きな喜びである。

二〇〇六年二月

大久保　幸夫

キャリアデザイン入門Ⅰ　基礎力編——［目次］

## [Ⅲ] 基礎力を身につける

# ［I］

# キャリアデザインの考え方

## 第Ⅰ部の概要

キャリアには、職務経歴という客観的側面と、仕事に対する自己イメージという主観的側面とがある。この二つを形成するために内省と行動を繰り返すことがキャリアデザインである。自分自身が納得し、幸福感を感じるという「キャリアの成功」のために、本書では一つのキャリアモデルを提示する。それは「筏下《いかだ》り」―「山登り」モデルである。

仕事をはじめてからの一〇年から一五年は、筏下りのように、ゴールに価値を置くのではなく、賢明に目の前の仕事に取り組むプロセスに価値を置くことだ。その間にさまざまな仕事を経験し、人と出会い、基礎力を鍛える。その後は自分の専門領域をひたすら極める山登りに移行し、頂上目指してエネルギーを集中して、専門力に磨きをかける。この筏下りから山登りへの移行に成功すれば、キャリアの成功が見えてくる。

# 1　わかりにくい「キャリア」という概念

## (1)「キャリア」と一口に言っても

仕事をしていると「キャリア」という言葉を日常的に耳にする。でも改めて「キャリア」っていったい何？　と聞かれると、たいていの人は返事に窮し、漠然としか理解していなかったことに気づくのではないだろうか。

ある人に「キャリア」の意味を聞けば、馬車がたどった道程に残る轍（career）が語源で、馬車（carriage）や人やものを運ぶもの（carrier）と同じ語源だと答えるだろう。そのようなことを言われても何の解決にもならない。

ある人に「キャリア」の意味を聞けば、それは給料や役職を上げていくことだと答えるだろう。いわゆるキャリアアップである。しかし、これはキャリアデザインという概念の中で使うキャリアとは根本的に異なる。キャリアにはアップもダウンもない。

またある人に「キャリア」の意味を聞けば、シャイン[1]（E. H. Schein）は「外面的、内面的に個人の概念を構成している階級」と定義し、ホール[2]（D. T. Hall）は「あるひとの生涯にわたる期間における仕事関連の諸経験と結びついた態度や行動における個人的に知覚された連続」と定義していると答えるかもしれない。しかし、こんなことを聞かされるとかえってわからなくなってしまうだけだ。

そして元の問いに戻る。「キャリア」って、いったい何だろう？　と。

最も簡潔に「キャリア」を説明するならば、私はこう答える。

「キャリア」とは職務経歴であり、仕事に対する自己イメージであると。つまり二つの側面があるのだ。

一つは経験してきた職業（職務）の連続を意味する使われ方であり、「キャリアの客観的側面」と呼ばれる。要するに職務経歴書に書く一行一行のことである。経験と言い換えてもいい。これまでにこんなキャリアを積んできました……というような言い方をするときは、この意味である。就職活動のとき、これからどのような職業を選ぼうかと悩んだり、最終的に意思決定したりすることは、まさしく「キャリア」を選択していることであるし、転職や独立、異動希望などもまたしかりである。

もう一つは、仕事上での自己イメージやアイデンティティを意味する使われ方であり、「キャリアの主観的側面」と呼ばれる。要するに自分は何者か？　ということである。自分のキャリアが見えないとか、キャリアの揺らぎ、などというときは、この意味である。

つまり実質的な職業選択も「キャリア」であるし、仕事に対する意識も「キャリア」だということである。

このような「キャリア」というものを、できれば会社任せではなく、自分自身が主体性を持って自律的に計画し、実行していこうというのが「キャリアデザイン」ということなのである。

仕事をする以上、誰にでも「キャリアデザイン」は必要である。

なぜならば、仕事は人生の時間のうちの結構な割合を注ぎ込むものであるし、仕事によって幸福感を得られるか否かは、人生を幸福に送れるか否かを大きく左右するからである。他人任せのキャリアでは幸福になれるかどうかあてにならない。そもそも失敗したときに、自分で決めたキャリアならあきらめもつくが、他人に決められたキャリアでの失敗だったら、泣くに泣けないだろう。

一昔前の、会社がキャリアを保障してくれる時代なら、他人任せのキャリアという選択もあったかもしれない。会社が不死身で絶対に倒産したり買収されたりすることもなく、利益は必ず増え、給料は必ず上がり、少なくとも定年までは生活の面倒を見てくれるという時代である。

現在のミドルは、会社が強かった時代に入社しているため、当初は会社任せのキャリアを歩んできたが、途中からルールが変更になって、キャリアの自律を求められるようになってしまった。現在の若年は、会社が弱くなった時代に成人を迎えたために、はじめからキャリアの自律を求められて、迷いに迷っている。

だからこそキャリアデザインの重要性が叫ばれ、キャリアデザインの技術が必要になったのである。

次のキャリア（客観的側面）を自分自身で意思決定する。自分のキャリア（主観的側面）を自覚する。簡単に言えばそのようなことだが、自分のことを理解したり、選択したりすることはけっしてやさしいことではない。自分自身のことほど興味深くて、よくわからないものはないのだ。

### (2) キャリアについて考えるということ

キャリアについてしっかり考えてデザインしようというときには、具体的には何をしたらよいのだろうか?

まずキャリアの主観的側面である仕事における自己イメージを確立しなければならないだろう。

イメージには「能力・才能に関する自己イメージ」つまり「自分にできることは何か？　自分の得意なことは何か？」ということ、「動機・欲求に関する自己イメージ」つまり「自分は何がやりたいのか？」ということ、そして「意味・価値に関する自己イメージ」つまり「自分は何をやることに価値を感じるか？」ということの三つがある。

キャリア研究の大家である前出のシャインは、この三つの問いについて内省することがキャリアの基盤をつくることになるとしている。

企業の人事部門では、「できること」「やりたいこと」「やるべきこと」を一致させるようなキャリアが良いキャリアであるという言い方もする。

どちらもほぼ同じことを言っているのだが、人事の言い方は、価値の部分を企業が必要と考えることに置き換えている。

キャリアについて考えるということは、まずこの三つの問いに向き合うことなのである。試しにこの三つの問いに答えてみてほしい。

まず「できること」。これはある程度早い段階から自覚できることだろう。仕事をはじめる前でも、個人の強み・弱みはわかるものだ。また専門的な技術や知識を学習したり経験したりしていれば、そこから「できること」が見えてくる。もちろん、能力の向上に従って、できる

図1　シャインの３つの問い

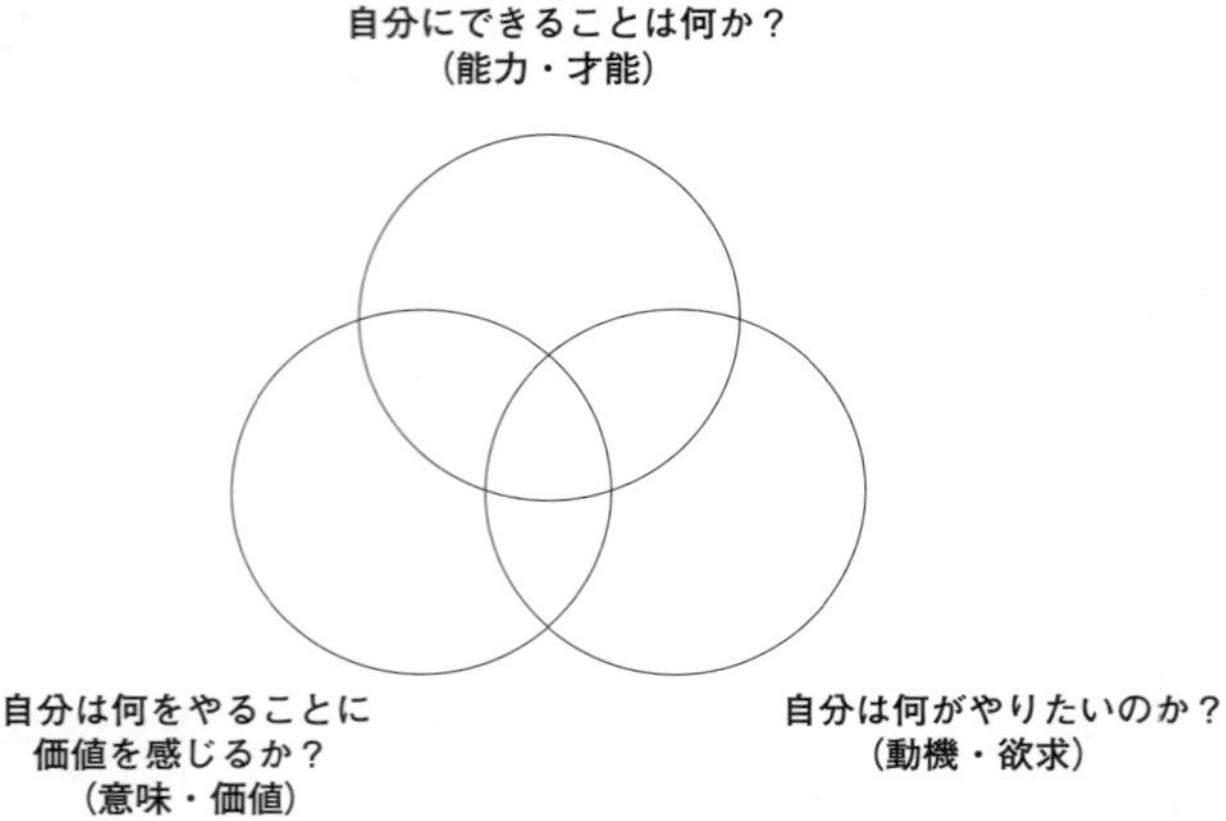
自分にできることは何か？
（能力・才能）
自分は何をやることに
価値を感じるか？
（意味・価値）
自分は何がやりたいのか？
（動機・欲求）

ことも変化する。

「価値を感じること」はどうだろう。たとえば、人に喜んでもらえることに価値を感じるとか、新しい事実を発見することに価値を感じるとか、そのような抽象的なことで構わない。自分自身の時間とエネルギーを投入してもよいと思えることは何なのかということを自分で確認できればよい。これも比較的早いうちに固まってくるだろう。

そして「やりたいこと」。当初はなんとなく興味があるということからはじまる。本格的にやりたいことが見えてくるまでには相当時間がかかるため、はじめは身近な仕事に対する好感からスタートすることが多いようだ。この問いは簡単なようでいて、実は最も難解な問いである。

さて、この三つの問いにあなたは答えられただろうか？　もしもすぐに答えられなくても何の心配もいらない。キャリアデザインというのは、生涯にわたって、この三つの問いかけを自分自身に繰り返し、繰り返ししていくことだからである。

よく「天職」という言葉が使われるが、生涯をかけてでも天職に出会うことができれば、それは幸福なことである。もしかしたら、今はの際に、「あぁ、これは自分の天職だったなぁ」と思うようなものかもしれない。それでも自分の人生を肯定できるのだから十分ではないだろうか。あせることはない。キャリアについて考えるということは一生をかけた自分自身への問いかけ（内省）と行動の繰り返しなのである。

### (3)　キャリアの成功とは

それでは、キャリアの成功とはどのような状態を指すのだろうか。それはつまりキャリアデザインの目的ということになる。

キャリアにはアップもダウンもない。昇進を重ねて、高い年収を得るようになったら、周囲から「あの人はキャリアアップした」と見られるだろうが、それがキャリアの成功を意味するかどうかは別問題である。本当に経営幹部になって企業経営の実務に携わることが「やりたいこと」であり「できること」であり「やる価値を感じること」であれば、それは成功だろうが、それは個人によって異なる。もしかしたら企業内の出世競争に乗っただけで、本当は経営などやりたくはなかったかもしれないからだ。では自分自身で事業を起こして、株式公開を果たし、多くの創業者利益を手にすればキャリアの成功かといえば、それすらどうかはわからない。はじめは「やりたいこと」「できること」「やる価値があること」からスタートしたかもしれないが、事業が成功するにつれて、責任を背負い、欲が出て、結局は道に迷ってしまっているかもしれない。起業家として億万の富を手にした人がすべて幸福かといえば、けっしてそうではないだろう。

キャリアとは人生そのものである。人生の仕事的側面がキャリアである。

他人がどう見るかは関係ない。

さまざまな職業の経歴を振り返ったときに、自分が費やしてきた時間をきらきらと光るものとして受け入れることができるかどうか。仕事をしている時間を幸福な時間として実感することができていたかどうか。それこそがキャリアの成功である。極めて自分の心の中の問題であり、成功の姿は一人一人異なるのだ。

さきほど「自分らしい仕事」ということばを使ったが、そのように感じられるものと出会ったかどうかは、この納得感、幸福感というものと大きく関係しているだろう。その仕事と向き合ったとき、「今まで経験してきたことは、一つとして無駄ではなかった」と感じるだろう。全く関係ないと思えるような仕事の経験さえ、あたかもこの仕事で最高のパフォーマンスをするための準備であったかのように思える。すべての過去を肯定してくれるもの、それは「天職」と呼んでもいいものなのである。この仕事を通じて大きな成果をあげることができれば、仕事をしていることの喜びや幸福感、そして人生の意味すら感じられることだろう。

では、ただ漫然と仕事をしていけば、いつかはそのような仕事に出会えるのかといえば、そうではない。最終的に出会えないまま生涯を終える人のほうが多いのではないか。出会うには、それなりの内省や行動が必要である。つまりキャリアデザインが必要だというわけだ。

## 2　キャリア論研究をヒントにする

キャリアデザインの技術を学ぶために、まず理論的側面を簡単に理解しておこう。過去のキャリア論、キャリアカウンセリング論の研究成果を知ることで、考える上での視点を得ることができる。難しく考える必要はない。

## (1) ベスト・マッチングを求めて

キャリア論の最も古くからあるアプローチは、職業選択という「点」を捉えたものである。つまり、自己をよく知り、職業をよく知れば、そこに最適な職業選択というベスト・マッチングが実現するという思想に基づくものだ。

このベスト・マッチングをいかに実現するかという研究は、本格的にはスーパー[3](D. E. Super)による「職業適合性」の研究にはじまる。今日職業適性検査などのさまざまなキャリア支援サービスがあるのは、このスーパー以降の研究の蓄積によるのである。

代表的な研究成果には、ホランド[4](J. L. Holland)の六角形というものがある。六角形で表現されたパーソナリティ・タイプの理論を使って職業興味検査を行うもので、「VPI職業興味検査」として現在でもさまざまな機関で使われているので、聞いたことがある人も多いだろう。

詳しくは図2を見てほしい。

一六〇の具体的な職業名について、それに対する興味・関心の有無を回答することにより、

図２　ホランドの六角形

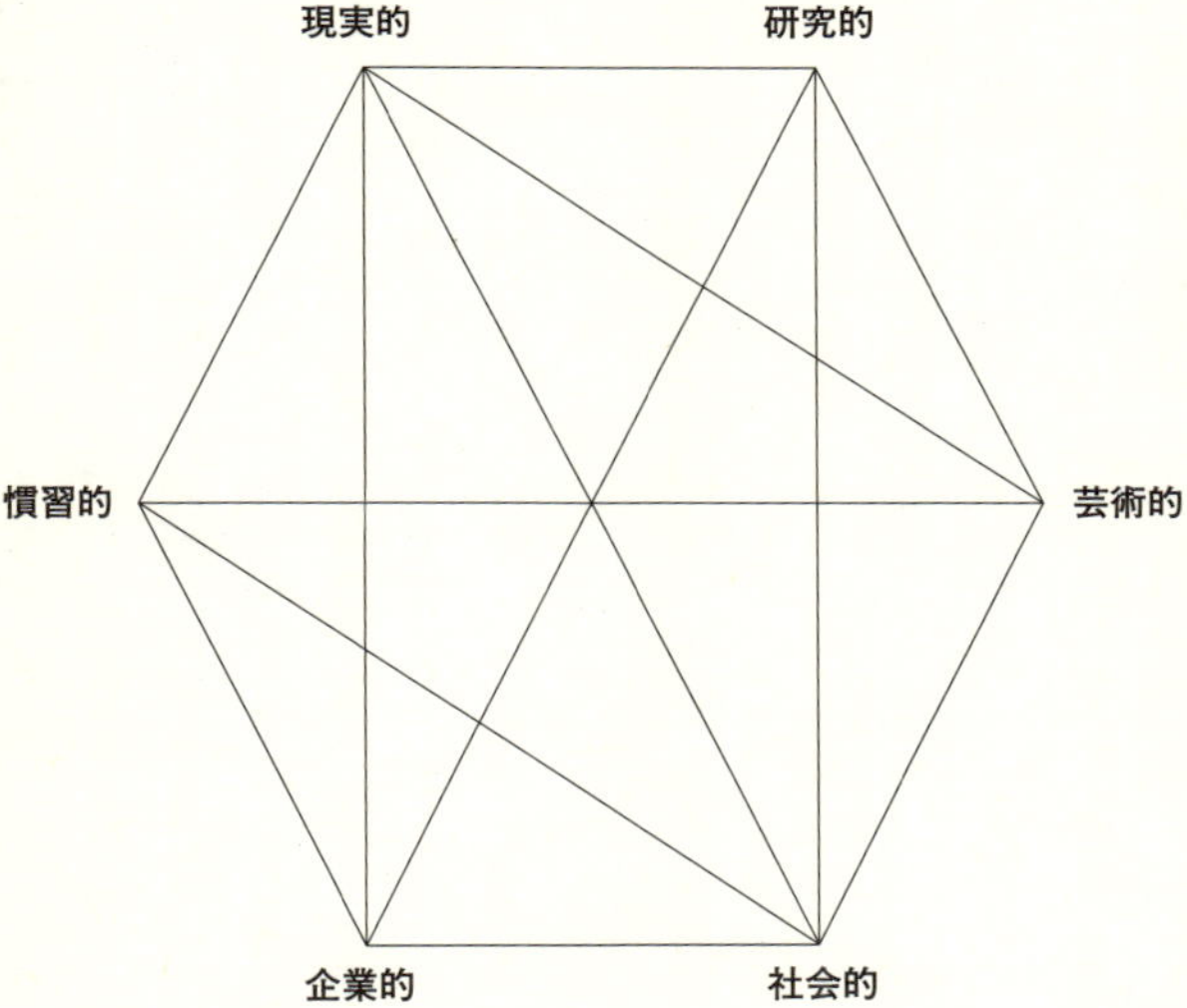


図にあるような六種の職業興味領域に対する個人の興味・関心の強さを測定し、さらに個人の心理的傾向を五つの領域（自己統制傾向、男性―女性傾向、地位志向傾向、稀有反応傾向、黙従反応傾向）について把握しようというものである。アメリカでは大学生のキャリア・ガイダンス用検査として利用されており、日本版も開発されている。

職業適性検査には、他に代表的なものとしてリクルートのＲ-ＣＡＰ[5]（Recruit Career Assessment Program）がある。約一四〇の職業について、社会人二万人に実施したデータをもとにして、どの職業で成功している人と多くの類似点を持っているかを測る検査である。職業が異なれば、志向・価値観も異なるということを統計的に検証し、それを前提として、検査結果では「あなたの志向と似ている職種」「あなたの志向と似ていない職種」を職業適性インデックスとして具体的に示している。多くの大学で就職指導の一環として採用されているものだ。

ただしこれらの職業適性検査の結果によって示された職業が最適の職業かといえば、それはそうではないだろう。あくまでもこのようなモデルは職業選択を支援する「補助的な」ツールであり、それほど簡単に自分にとっての最適な職業を発見することはできない。

また、マッチングについての研究としては前出シャインの「キャリア・アンカー」が著名である。これは大学生などの就職以前に利用するものではなく、職業について五年から一〇年を経た段階で使われるものであり、この時期に「キャリア・アンカー（キャリアの錨）」を形成することがその後の職業選択を方向付けるとしている。キャリア・アンカーは、シャインの三つの問いに対する答えを統合したもので、具体的には八つあるとしている。

①専門・職能別コンピタンス、②全般管理コンピタンス、③自律・独立、④保障・安定、⑤起業家的創造性、⑥奉仕・社会貢献、⑦純粋な挑戦、⑧生活様式

企業内研修の場でシャインのキャリア・アンカーは活用されている。また、日本語のテキス

トも販売されている。

## (2)　キャリアは偶然性が支配するもの

キャリア論研究の一つのカテゴリーに、意思決定論的アプローチがある。もともと経済学や数学の理論をキャリア分野に応用したもので、キャリア選択をいかに合理的に意思決定するかを研究したものである。その研究者の一人であるジェラット[6]（H. B. Gelatt）は、客観的・合理的な意思決定だけでなく、主観的・直感的意思決定も重要であるとして「積極的不確実性（Positive Uncertainty）」という理論を導き出した。自己イメージを大切にして、夢を大きく描きながら、連続的に意思決定してゆくキャリアデザインの姿である。

ジェラットの研究を受けて発表されたのが、クランボルツ[7]（J. D. Krumboltz）による「計画された偶発性理論（Planned Happenstance Theory）」というものである。この研究発表が一九九九年にされるや否や、キャリアカウンセリングの業界に大きな衝撃を与え、根本からキャリアカウンセリングのあり方を変えるほどの影響をもたらした。

彼は、キャリアの八〇％は予期しない偶然の出来事によって支配されると言い、将来の目標を明確に決めて、そこから逆算して計画的にキャリアをつくりこんでいくような方法は現実的ではないと説いたのだ。むしろ優柔不断なくらいでよく、それはオープンマインドな状態であって、予期せぬ出来事を柔軟に受け止められるというのである。アメリカは何事にもきちんと意思決定できることが立派なことだという価値観が強いため、このメッセージは多くの人々に好感と安堵をもって迎え入れられることになった。

日本でも、すでに彼の理論は注目され、関心を集めている。

ただし、オープンマインドで棚からぼた餅を待っていればよいというのではなくて、積極的に機会をつくり出すような行動をとること、機会を活かせるような能力を身につけておくことが必要であるという。

私も基本的にはクランボルツの考え方に賛成だが、生涯オープンマインドがいいかといえば、それはそうではないと思う。彼は「今後一切キャリアの意思決定はしないでほしい」とその著書〔『その幸運は偶然ではないんです！』（ダイヤモンド社、二〇〇五年）〕で書いているが、私はある時期は流れに乗ることが重要だが、ある時期には意思決定が重要だと考えている。詳しくは〔4「筏下り」から「山登り」へ〕で説明しよう。

### (3) 節目またはトランジションという考え方

もう一つキャリア論の系譜をご紹介しよう。それはキャリア・トランジション（転機もしくは節目と訳す）に着目する研究である。

その代表的な研究者の一人がシュロスバーグ[8]（N. K. Schlossberg）である。彼女は、結婚、離婚、出産、転職、引越し、失業、本人や家族の病気などの、自分の役割、人間関係、日常生活、考え方を変えてしまうような人生における出来事をトランジションと捉えて、その対処に焦点をあてている。そして、どんなトランジションでもそれを見定め、点検し、受け止めるプロセスを通じて乗り越えることができるとし、乗り越えるための資源として四つのS、つまり状況（Situation）、自分自身（Self）、周囲の援助（Support）、戦略（Strategies）をあげている。また、トランジションには、「予期していたもの」「予期していなかったもの」「予期していたのに起こらなかったもの」があるとも言い、トランジションは自分自身がそれをトランジションと認識しなければトランジションではないとしている。

実際、男性以上に女性のキャリアは人生のイベント（つまりトランジション）の影響を大きく受ける。時にはそれまでの自己イメージがすっかり変わってしまうこともあるし、反対に突然トップギアが入ったかのように仕事に対する熱意が出て、キャリアに対する自己イメージが強固に形成されることもある。

一方、神戸大学の金井壽宏教授が提唱するトランジションモデルは、節目、節目をデザインするというものである。キャリアのことを常に考えている必要はなく、キャリアの節目と思えるときだけ、しっかりと考えデザインすることを勧めている。具体的には、①大きな方向感覚を持ち、②節目だけはキャリアデザインし、③力強く行動し、④偶然の出会いや出来事を大切にする、というものだ〔『働く人のためのキャリア・デザイン』（ＰＨＰ新書、二〇〇二年）〕。

## 3　能力とキャリアデザインの関係

クランボルツの論にあるように、キャリアというものは偶然性に支配されている。いくらしっかりキャリアデザインをしても、仕事や人との偶然の出会いがキャリアの方向性を大きく変えることになる。そのため、問題はその機会をつくる力であり、そして、活かす力があるかどうかということになる。

また、自分がどのような職業の経歴をたどっていくかは、自分自身がどのような職業能力を持っているかによって大きく左右される。いくら弁護士になろうと考えても、そのための基礎

図３　キャリア意識と能力

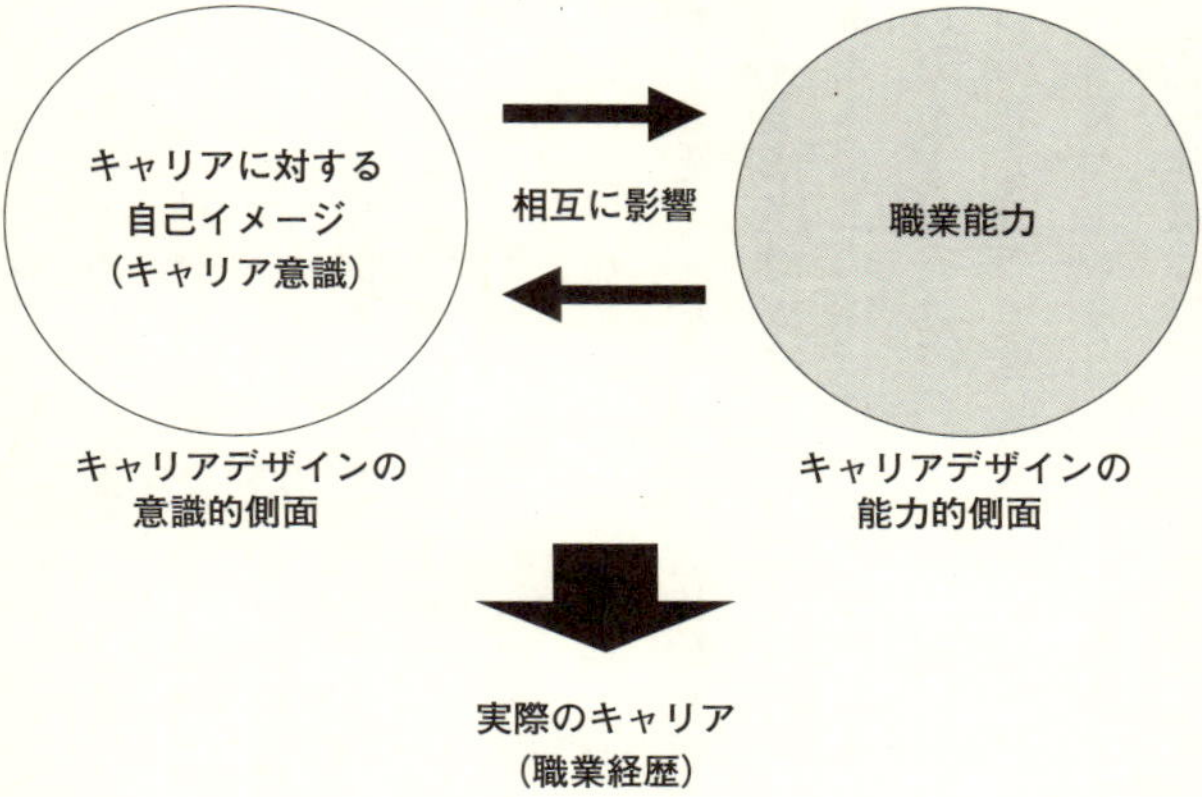


的な力や専門的な知識がなければ、絵に描いた餅に過ぎないだろう。

つまり、キャリアデザインという仕事に対する自己イメージを形成する作業のもう一つの側面は、自分の職業能力（以下能力）をいかにデザインし形成するかということになる。

自己イメージはキャリアに対する意識とも呼び換えられるが、このキャリア意識と能力とが相互に影響を与え合って、実際のキャリア（職業経歴という客観的側面）が形成されるのである。

そこで、キャリアデザインの能力的側面についてしばらくお話ししてみたい。

## (1)　能力論の起源

キャリアを成功に導くもの――それが能力であ

る。私は、それぞれの年齢段階で、適切に能力を形成してゆくことが、キャリア形成にとって極めて重要であると考えている。

しかし、仕事に必要な能力といっても、具体的にはどういうものなのかわかりにくいだろう。そこでまずは「能力とは何か」を整理しておこう。

実は能力に関する議論は古く、古代ギリシャ・プラトンの時代までさかのぼる。当時は人間個人の才能というものに注目が集まり、その象徴が紀元前七七六年のオリンピック競技の開始であった。プラトン[9]は能力を「我々や他のものすべてのものをして、それぞれがなしうるところのことを、なしうるようにさせる力」と定義した上で、「知恵」と「勇気」と「節制」を能力の要素としている。支配者には知恵が必要で、戦士には勇気、生産者には物欲を抑えて仕事に励む節制を求めたのである。

ちなみにこの頃は能力は持って生まれたものと考えられていた。これを生得主義と言うが、この考え方は一九〇〇年頃まで信じられていたのである。この生得主義は支配者にとって都合のいい考え方で、支配者は生まれたときから体の中に金を持ち、戦士は銀を持ち、生産者は鉄と銅を持っているとプラトンは言っている。

能力の定義は時代とともに変化した。宗教支配の時代にはその時代に合った能力観があったし、戦乱の時代にはその時代に合った能力観があった。そして、経済中心の現代社会にはそれに見合った能力観が形成されているのである。

それでは日本の高度経済成長期の能力観はどのようなものだったのだろうか。日本企業の大半が職務遂行能力に基づく職能資格制度を導入していた時代である。それは日経連[10]日本経団連）が定義している。（現在は合併し日本経団連）が定義している。

能力＝職務遂行能力＝

「体力」×「適性」×「知識」×「経験」×「性格」×「意欲」

どうだろうか。能力の定義の中にその頃の日本企業の標準的な価値観が映し出されていることがわかるだろう。つくれば売れる時代に、「個」というよりは集団的職務遂行に適した、仕事熱心で従順な人材を能力の高い人材と定義している様子が見て取れるに違いない。

それでは現在の能力定義はどうなっているのだろうか。

## (2) 能力の構造

日経連定義のようなオーソライズされた定義式は存在しないが、概ね企業内で共通認識されている能力イメージをまとめると以下のようになる。

能力にはどのような職業につくにしても共通して必要になる能力と、ある特定の職業に必要な能力とがある。前者を「基礎力」、後者を「専門力」と呼ぶ。

基礎力はさらに「処理力」や「思考力」と「対人能力」「対自己能力」「対課題能力」に分けられ、専門力は「専門知識」と「専門技術」に分けられる。

一方、能力ではないが、能力と密接に関連し合うものとして「態度」があり、これは「動機」と「価値観」に分かれる。

それを図に描くと図4のようになるが、人間をパソコンにたとえて説明してみよう。基礎力のうち「処理力」や「思考力」は中央演算処理装置（CPU）に相当する。どれだけ早く正しく物事をマスターしたり処理したりできるかを示す。「対人能力」「対自己能力」「対課題能力」は、OSにあたる。マイクロソフトのWindowsのようなもので、仕事を操作する上での基盤となるものだ。専門力はそのOSの上にインストールされる専門ソフトウエアである。具体的な業務を行うために特化したもので、OSがあってこそ作動する。態度はさしずめバッテ

図４　能力の概念図

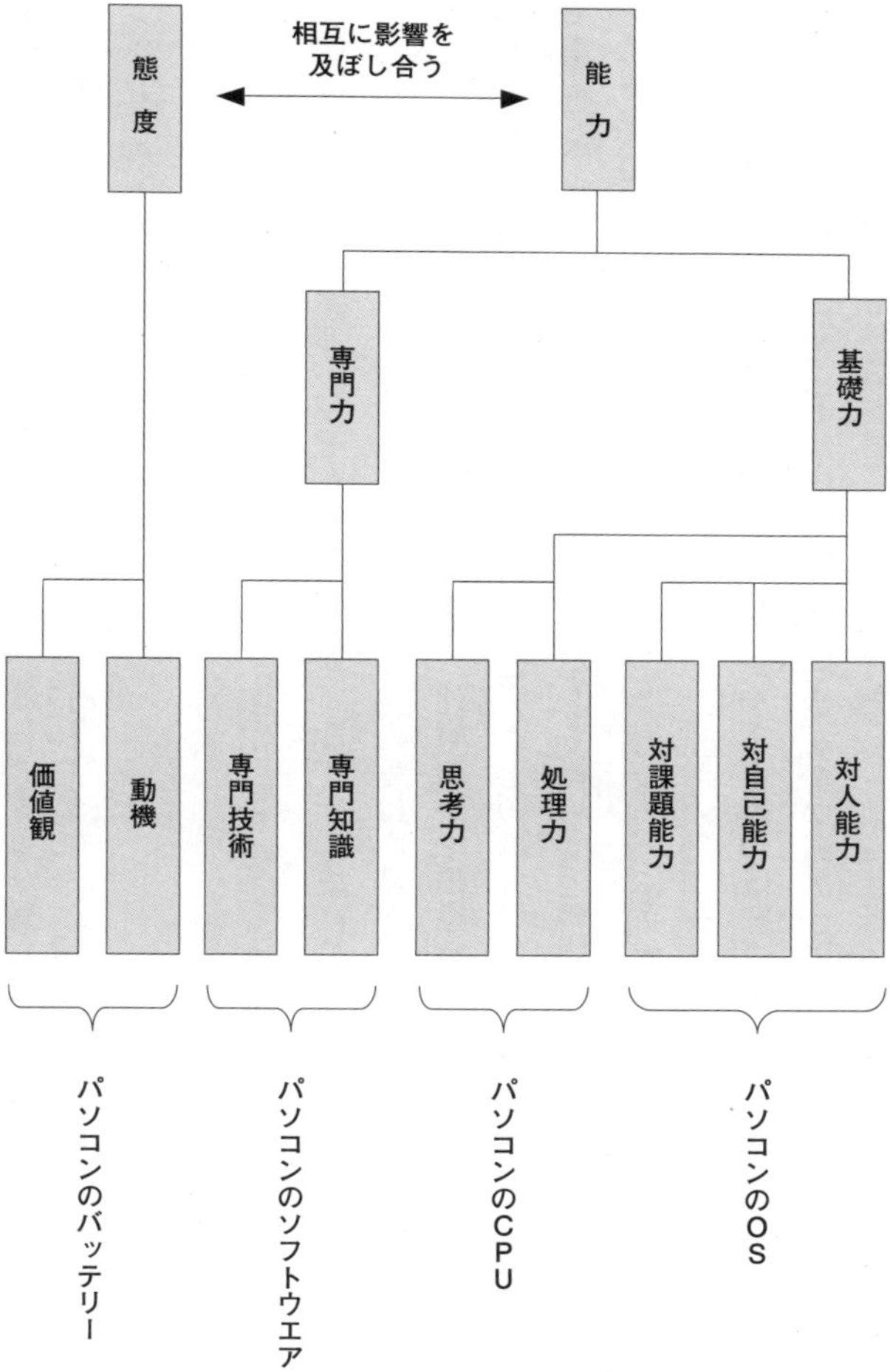
態度
相互に影響を
及ぼし合う
能力
専門力
基礎力
価値観
動機
専門技術
専門知識
思考力
処理力
対課題能力
対自己能力
対人能力
パソコンのバッテリー
パソコンのソフトウエア
パソコンのＣＰＵ
パソコンのＯＳ

リーだろう。そもそも仕事をやる気にならなければ能力があっても仕方ない。

より詳しい内容を説明する必要があるが、基礎力については第Ⅲ部で、また、専門力については第Ⅱ巻で詳細に行うことにする。

### (3) 年齢段階に応じて能力を身につける

問題はこのような能力を、それぞれの「適正な」年齢段階において身につけるということである。能力を身につける時期には、もちろん個人差はあるが、標準的な時期というものがある。これは人間の発達段階に応じたものであり、仕事の中での役割期待に沿ったものでもある。たとえば基礎力のうちの処理力や思考力というものは大学に入学する以前に基本が固まるものである。学力と密接に関係していて、IQとも極めて近い関係にある。使わなければ徐々に低下するが、若いうちに伸ばしておかないと、大人になってから鍛えようとしても上手くいかない。

対人・対自己・対課題能力は、小学校段階から習得がはじまり、三〇代まで着実に成長してゆく。その後も伸びるが、それは基礎力に磨きがかかる部分であり、概ね三〇代までに一旦完成させておきたい能力である。

専門力は学生時代にも、もちろん学習を通じて磨かれる部分があるが、多くは社会に出て、その職業についてから身につけるものである。専門力を高めてその分野の「プロ」と呼ばれるようになるまでには一〇年から二〇年の月日を要するだろう。

それぞれの年齢段階で適切に能力を磨いていくことは、自己イメージをつくる上でも重要であるし、それぞれの段階でのキャリア選択の成否にも影響する。新卒就職するときに基礎力が弱ければ、思うような就職先を見つけることはできないだろうし、三〇代になって転職するときには基礎力の完成に加え、ある程度の専門力の下地がなければキャリア採用の基準にかなわない。

そのため、キャリアデザインにおいては、仕事に対する自己イメージ形成と並行して、能力を高めるための行動をとることが求められるのである。そのキャリアデザインの方法については第Ⅱ部で詳細に説明する。

## 4　「筏下り」から「山登り」へ

職務経歴や自己イメージ形成にも年齢段階に応じた標準モデルがある。それは「当初のキャリアは『筏下り』のように、次には『山登り』のようにやってゆく」というモデルである。

### (1) はじめは「筏下り」で

筏下りとは、初級キャリアのイメージを表すものである。筏下りは、下流というゴールに目的があるわけではなく、そのプロセスに意味がある。自分がいったい何処へ向かっているのかもよくわからない。とにかく目の前の急流と向き合い、自分の持つすべての力を振りしぼってその急流や岩場を乗り越えていくのである。一つの急場を乗り越えれば、またすぐ難所がやってくる。その繰り返しをしていく中で、力をつける。そのような状態を初級キャリアのイメージにたとえているのである。はじめはこれでいいのだ。

私がはじめは筏下りでよい、という話を講演ですると、「私も長い間筏下りをしています。今日それでよかったのだという話が聞けてほっとしました」と言われることがある。これは往々にして勘違いである。筏下りでよいのは、あくまで初級キャリアの段階であり、一〇年から一五年もすれば急流は徐々にゆるやかになり、それほど全力を出しきらなくても日々やっていけるようになる。いわゆるぬるま湯状態である。それ以上筏下りを続けていると、ついには平坦になりゲームオーバーとなる。川から海へ流れ出て、いったい今どこにいるのかさえわからなくなる。この状態をキャリア・ドリフト（キャリアの漂流）と言う。

筏下りとは、そのプロセスにおいて、多くの経験を積み、さまざまな人との出会いを重ね、短期的な目標を何度もクリアし、「自分にできることは何か」「何がやりたいのか」「何をやることに価値を感じるか」という仕事に対する三つの問いに対する答えを出すための「材料」を集めていく段階である。生涯筏下りをし続けてはいけない。

筏下りの間は、まわりの景色を楽しむような余裕はない。そこで、ある程度筏下りをして十分な経験を積んだ後は、一旦立ち止まり、内省することが必要だ。改めて、自分にできること、したいこと、する価値を感じることを自分自身に問うてみるのである。そこから次の段階、つまり「山登り」に入る。

### (2) 重要な「山登り」への転換

筏下りの過程で十分な経験を積む日々は、クランボルツの言うところの「偶然性」に支配された日々である。突然転勤や異動を言い渡されるかもしれないし、思ってもいない仕事や人との出会いがあるかもしれない。その中でじっくり「基礎力」を磨くのである。その段階を過ぎたらいよいよ「山選び」に入る。

山を選ぶということは自分が生涯をかけて取り組んでもいいと思える専門領域を選ぶということに他ならない。シャインの言うところのキャリア・アンカーにも通じるもので、まさしく能力、価値、動機に関する自己イメージを統合する作業である。

しかし、簡単にみつかるかというとそうではない。

一旦立ち止まることが重要で、休暇をとったり、会社を離れてみたり、「客観的に」自分の現在を見てみるような機会をつくることが必要だろう。

さて、「山登り」の時期のキャリアは、一つの山を選び、その頂をまっすぐに目指すようなイメージである。目標は明確で、かつ高い。頂まで行くには時間がかかるが、自分の全エネルギーをその山を登ることに集中させるのである。もしも一旦決めた山の中腹まで行ってから山を変更しようとしたら大きなロスが生まれる。そのために山選びは時間をかけて（数年をかけて）じっくりと行いたい。試行錯誤をしながら、山登りの入り口まで行って引き返したり、他の山を見てやっぱり元の山に戻ったり、本格的な選択の前の内省と行動を大事にすることだ。

山登りをはじめたら、それと矛盾するような仕事は断らなければならない。あれもこれもと望むのは、結局何も得ないことになりがちである。そのため、「山登り」のプロセスでは、偶然性よりも計画性や戦略性が必要になるだろう。

図５「筏下り」と「山登り」

| キャリアモデル | 年齢段階 | この期間の特徴 | 身につける能力 |
| --- | --- | --- | --- |
| 筏下り | 新社会人〜30代半ばまで | ○ゴールを決めず短期の目標を全力でクリアしていく<br>○偶然による仕事や人との出会いを歓迎する | 基礎力<br>（対人<br>対自己<br>対課題） |
| 山登り | 30代半ば〜本格的なプロになるまで | ○ゴールを明確に決めて全エネルギーを集中してそのゴールを目指す<br>○仕事への取り組みは計画的・戦略的に行い、目指す山に関係ない仕事はしない | 専門力<br>（専門知識<br>専門技術） |

### (3) 基礎力の上に専門力を積み上げる

筏下りの時期は、能力の側面から言えば、基礎力開発の時期にあたる。そして山登りの時期は専門力開発の時期である。十分な基礎力が身につかないままに、山登りをはじめて専門力を身につけても、その専門力を活かせない可能性が高い。あくまでも基礎力を十分に身につけて、その次に専門力にこだわる手順を間違えてはいけない。

長く「筏下り」をしすぎるのは望ましくないと言ったが、逆に早ければいいというものでもない。基礎力も未熟だし、経験が少ない中で決めた山は往々にして後で変更したくなるものだからである。

将来自分が登る山はこれかな、と思いながら、せっかくだから他の山も見てみようというくらいの感覚でキャリアを積むことができたら、一番理想的なのではないだろうか。

## 5　キャリアデザインを阻害するもの

キャリアデザインを阻害するものがいくつかある。キャリアの成功を阻む要素を紹介しよう。

### (1)　仕事に対する諦観

あなたはなぜ仕事をするのですか？　という質問をされたらば、あなたは何と答えるだろう。三〇代以上の人はそもそもそのようなことを考えたことがないかもしれない。逆に二〇代の人の多くは、一度は真剣に考えたことがある問いかけだと思う。

キャリアデザインの上で、職業観は大きな影響を与える要素になる。仕事の目的が変わればデザインの方向も当然変わるし、そもそも仕事に対して期待していないならば、キャリアデザインの必要もない。

団塊の世代と団塊ジュニアを対象とした調査を行い比較したところ、団塊の世代は「家族のため（収入を得て家族を養うため）」「社会のため（人間として働くことは当然の義務）」「会社のため（会社や会社の仲間に対する愛情から会社に貢献したいと思う）」という三つの理由が明確に出てきた。定年退職を超えた年齢になるとこれに「健康のため」という要素が加わることになる。

内閣府による「高齢者の生活と意識に関する国際比較調査」[11]では、日本の高齢者は欧米の国々の高齢者と比べて、「仕事そのものが楽しいから」という理由で定年退職後も働いているわけではない、という結果が出ている。

反対に団塊ジュニア以降の若い世代は、豊かになってから生まれた世代のため、「収入のために働く」という感覚がピンとこないようで、働くことが義務であるとの感覚も薄い。もちろん社会のためにという意識もない。しかも、友達の中には卒業しても正社員として働く道を選ばずに、フリーターや無業になっている人が少なからずいる。そうなると「なぜ自分は働くのだろう？」という素朴な疑問にけっこう悩まされることになるのだ。そして、考えたあげくの結論もほぼ一つで、「自分の成長のために働く」というものになる。

新入社員を対象とした調査（リクルート、二〇〇二年）では、働く目的として①安定した収入、②自己キャリア開発、③将来の目標への足がかり、④専門性を身につける、⑤社会への貢献、となっていて、かろうじて「安定した収入」が一位となっているが、二位から四位までは

「自分の成長のため」という理由によったものになっている。二〇代が辞める理由の一位も「仕事を通じて成長している実感が持てない」である。それだけ、自分のため、自分の成長のために働くという感覚は当たり前のことになっている。

私は年齢が高くなっても、もっと自分のために働いたほうがよいのではないかと思っている。そのことはけっして仕事に取り組む姿勢を甘いものにしたり、責任を果たさないことにはつながらない。むしろ、「仕事は遊びじゃないんだ！」という論調の中に、仕事やキャリアへのあきらめ、逃避が含まれているように思えてならない。

仕事は収入を得る手段だからおもしろくなくても仕方ない、仕事は楽なものじゃないのだからいやなことがあっても仕方ない、いくら自分がやりたいことを考えたって会社が簡単にOKするわけがないから仕方ない、この上司の下ではやる気をみせたところで評価されないから仕方ない、所詮サラリーマンだから会社の命令に従って何でもやるしかない……。

このような考え方をしたらキャリア形成も何もなくなってしまう。自分のキャリアに期待すること、そして楽しむこと、夢を描くこと。それが絶対不可欠である。そのことを忘れて諦観を持ってしまうことがキャリアデザインを阻害する大きな要素になるのである。

### (2) 間違ったスペシャリスト志向

一つの専門性を極めたいというキャリア志向を持つ人はおよそ半数に達すると言われている。ドライバー[12]（M. J. Driver）のキャリアコンセプト四類型をもとに日本で調査した結果（リクルートワークス研究所、ワーキングパーソン調査）によると、「専門家として社外から一目置かれる」というキャリアコンセプトを自分のイメージに最も近いとした人の比率は五一・九％になり、圧倒的な第一位である。特に女性はこのコンセプトに対する共感性が高く、五八・九％となっている。

このようなキャリアデザインは素晴らしいものだが、ややもするとキャリアを阻害する要因にもなってしまうことがある。

自分で自分の専門という小さな世界をつくってしまって、そこに閉じこもってしまうのである。「私の仕事はここまで」と勝手に区切って、それ以上のことには手も出さないし、興味も持たない。「これが私の専門だから」という感覚なのだろうが、それは専門というよりは大きな仕事の中の部分を担っているスペシャリストであるだけで、その後の発展性がない。自分の縄張りを小さくつくり上げてそこから出ないようにすれば楽である。でもそれでは長いキャリアを楽しむことはできないに違いない。今担当している仕事は後輩に譲り、新しい仕事にチャ

図6　キャリアコンセプト

（%）

| | 専門家として社外から一目置かれる | 経営トップに上り詰めて影響力を拡大していく | 10年くらいのサイクルで新しい仕事につき自分の可能性を広げる | 新しい仕事に次々に挑戦していく |
|---|---|---|---|---|
| 男性 | 47.4 | 11.5 | 28.0 | 10.0 |
| 女性 | 58.9 | 7.0 | 20.3 | 12.1 |
| 合計 | 51.9 | 9.7 | 24.9 | 10.8 |

出所：リクルートワークス研究所　ワーキングパーソン調査　2000年

レンジするほうがよい。

小さな世界に閉じこもることと、「専門家として社外から一目置かれること」は違う。その二つを混同して、あるいは意図的に混同させて、自分の可能性の芽を摘んでしまわないようにしてほしい。

### (3)　仕事のブランク

キャリアにとって最大のマイナスをもたらすものは仕事のブランクである。

ブランクとは実質的に仕事をするという行為から離れてしまっている期間を指す。たとえば、ニートの期間、長期失業の期間、育児休業の期間、専業主婦の期間などがそれにあたるだろう。仕事をしていないと仕事の能力が停滞するだけでなく、低下する。そして、それを取り戻すためには長い時間がかかる。よくスポーツ選手が、一日練習を休むと、元に戻すのに二日かかるということを言うが、まさしく仕事もそれに似たところがある。また仕事から長期に離れていると、それ以前に形成した仕事に対するアイデンティティが揺らぎ、仕事に向かう意識が薄れてしまうのである。

このブランクほどキャリアにとって怖いものはないのだ。

若年の最も成長する時期に、真剣に仕事に取り組む経験をしないと将来にわたって大きなマイナスを背負うことになるだろう。また、育児休業で一年を超えてブランクをつくるようならば、復帰には相当の時間がかかることを覚悟しなければならない。その期間中に仕事から離れきらないような工夫が必要だろう。中高年になって十分に労働市場の実態を把握せずに離職してしまうのも危険だ。長期失業者になってしまう可能性が高く、失業してブランクが長くなるほど、再就職は難しくなる。定年退職時にブランクをつくってしまうことも復帰を難しくする。高齢期はブランクをつくると特に職業能力の低下が著しい。

継続は力である。もちろん育児などで仕事から離れる場合もあるだろうが、離れても離れきらない気持ちが大事で、仕事を継続してゆく意欲を持っているうちは、一年を超えるようなブランクには十分注意することである。

仕事に対する諦観、間違ったスペシャリスト志向、仕事のブランクなどはキャリアデザインの成功を阻害する。仕事は素晴らしいものであり、楽しいものである。自分の小さな世界に閉じこもるのではなく、視界を広く持つ。仕事を休むときは数カ月までにして一年を超えるようなブランクは安易につくらない。このような基本スタンスを持つことを推奨したい。

# 注

1　**シャイン**　マサチューセッツ工科大学名誉教授。組織心理学の生みの親であり、「キャリア・アンカー」の概念を提唱したことで広く知られる。主な著書に『キャリア・ダイナミクス』（白桃書房、一九九一年）『キャリア・アンカー――自分のほんとうの価値を発見しよう』（白桃書房、二〇〇三年）などがある。

2　**ホール**　ボストン大学マネジメントスクール教授。キャリアの目標が心理的な成功であること、キャリアは人間関係における相互学習の中で発達することを強調している。主な著書に「*Career in and out of organization*（California：Sage）」などがある。

3　**スーパー**　職業選択と職業適応に関する研究で大きな業績を残した。全米就職指導協会会長、国際指導協会会長などを歴任。

4　**ホランド**　ＶＰＩ職業興味検査の開発とその背景になる六角形で表現されたパーソナリティ・タイプの理論で世界的に知られる。主な著書に『職業選択の理論』（雇用問題研究会、一九九〇年）など。

5　**R-CAP**　リクルートが開発した職業適性検査。http://www.r-cap.net/RCAP06/

6　**ジェラット**　進路指導に関する研究を重ね現在はコンサルタントとして活躍する。「積極的不確実性」を提唱し、キャリアが意思決定の連続からなることを説いた。

7　**クランボルツ**　スタンフォード大学教授。キャリアカウンセリング理論の先駆者。著書に『その幸運は偶然ではないんです！』（ダイヤモンド社、二〇〇五年）など。

8　**シュロスバーグ**　メリーランド大学名誉教授。コンサルタント。4Sシステムの提唱者で、著書に『「選職社会」転機を活かせ』（日本マンパワー出版、二〇〇〇年）など。

9　**プラトン**　古代ギリシャ時代の哲学者。能力に関する記述は『国家（上）（下）』（岩波文庫、一九七九年）に収められている。

10　**日経連の定義**　日経連能力主義管理研究会編『能力主義管理　その理論と実践』に記述されている。この報告書は日本に職能資格制度を浸透させる大きな役割を果たしたといわれている。

11　**内閣府調査**　第五回高齢者の生活と意識に関する国際比較調査。高齢者が就労の継続を希望する理由として以下のような調査結果を発表している。
「収入が欲しいから」（日本四〇・八％、アメリカ二七・六％、韓国六四・〇％、ドイツ四〇・二％、スウェーデン四〇・八％）

「仕事そのものが面白いから」（日本一九・八%、アメリカ四四・七%、韓国一五・六%、ドイツ三八・〇%、スウェーデン四七・五%）「働くのは体に良いから」（日本二八・九%、アメリカ一七・六%、韓国二〇・〇%、ドイツ一九・六%、スウェーデン九・二%）

12　**ドライバー**　元南カリフォルニア大学教授。意思決定スタイル、創造的問題解決、キャリア開発などの研究に取り組む。

# [II]

# 年齢段階別　キャリアデザインの方法
（三〇代まで）

## 第Ⅱ部の概要

この章では小学校から三〇歳半ば頃までの年齢段階別にキャリアデザインのポイントを考える。中学や高校段階では、進学するにしても就職の道を一旦検討することでキャリア選択の練習をすることが望ましい。大学時代は内省よりも行動を重視して仕事をすることのリアリティを得ること。そして迷ったらモラトリアムでなく、むしろ就職して自分を鍛えられる環境を得ることがポイントになる。新入社員時代は同期よりも先輩や上司とのタテのコミュニケーションを重視して目の前の困難を乗り切ることがよいだろう。三〇歳を超える頃からは、一人前として扱われると同時に、そろそろ専門領域を決める準備をしなければならない。このような全体を通じて、対人・対自己・対課題能力を鍛え、基礎力を完成させることがキャリアの成功につながるだろう。

第Ⅱ部では、年齢段階に沿って、キャリアデザインの課題を整理してみたい。現在の年齢に合わせて読むことはもちろん、全体を通して読むことでキャリアデザインの全体イメージを掴んでほしい。

# 1　高校までのキャリア

## (1)　小学校から中学校という段階で考えておきたいこと

今さら小学校や中学校で何をしたらよいかがわかっても、時間を巻き戻してやり直すことなどできないのだから無意味だと思うかもしれない。しかし、小・中学校の段階にキャリアデザインの本質がある。そのことを理解して現在の自分に当てはめてみることはあなたのキャリアデザインにプラスになると信じている。

それにしても小学校からキャリアのことを考えるの？　と思うかもしれない。しかし、多くの国々でキャリア教育というものは小学校段階からはじめられている。

キャリア教育とは、将来社会に出て生活したり仕事をしたりするために必要な力を育てるための教育であり、職業観を養うための教育である。以前は自営業で働く人が多く、子供の頃から家の仕事を手伝うことで「働くということ」「お金を稼ぐということ」「顧客と接するということ」を自然に学んできた。自宅が商売をやっていたという人はそうでない人に比べて仕事に対するイメージが形成されているものだ。また父親が会社を経営していたという人は、そうでない人に比べて将来アントレプレナーになる確率が高いという調査結果もある。「家業を継ぐ」ということは多くの場合、人生の最初に提示される選択肢なのである。

また自営業の家に生まれなかった人も、以前は中学校卒業段階で就職するか否かという選択を迫られた。結果的に就職しないという選択に至った人でも、そこで真剣に仕事をするかどうかを考えた。これがいいキャリア教育になったのである。しかし現在中学校を卒業して就職する人の比率はわずか一％弱。たいていの人は全く仕事のことを考えずに高校に進学してゆくのである。

この二つの要素が失われたために、「働くということ」を考える機会がないまま成長し、大学を卒業するときになってはじめて「働くってなんだろう？」と思うのである。

本来はもっと早い段階で仕事について考える機会を持ったほうがいい。そして、仕事について考え、将来をイメージすることは、学習意欲の向上という大きな成果をもたらすのである。

また、進む道によっては、非常に早い段階で選択しなければならない職業もある。スポーツ選手や芸能人などはその典型であろうし、職人や芸術家の仕事もそうだろう。医者になりたければ、大学で医学部を選択しなければならないが、その準備は高校のはじめから必要になるので、高校進学段階で「医者を目指す」という選択をしなければならないのである。多くの人はそのような職業の道を放棄したという意識もないままにタイミングを失っているはずである。小学校や中学校でスポーツや芸能の世界でプロの道を歩むと決めた子供たちは、そうでない人と比べて考え方も自分をコントロールする力も社会性も圧倒的に上回っているものである。キャリアについて考えることは人間を成長させる。特に小学校、中学校においてはその成長促進効果は大きい。

では具体的にどのようなキャリアデザインが必要なのか考えてみよう。

まずは小学校だが、概ね働くということの意味が理解できるようになるのは、高学年になる頃である。実際に目にする仕事について理解し、興味を持つようになる。たとえば、スーパーで魚を売っている人を見れば、そのような職業の人がいることを理解するということだ。まずは「働くということ」に興味を持つ。小学校の段階はそれで十分だろう。授業の中で仕事に関するビデオを見たり、キャリア教育用のゲーム化された学習素材を使って仕事を見てみること、さらに商店街で仕事をしている人に取材をしてまとめたりということを行う。これらの授業は学校が主体となって行うが、授業後に家庭に帰ってその話をするとより仕事に対する理解が深まる。学校と家庭が協力し合って、小学生の職業観養成のスタートを切るのである。

キャリア教育は各国で行われているが、スウェーデンなどでは幼稚園のときから起業家教育を行っているという。もちろんノウハウではなく、自分で事業を起こすことに関する力を養うような教育なのだが、早い段階からのキャリア教育はさまざまな利益をもたらすと考えられているのである。

中学校段階になると、実際に目では確認できない仕事も視野に入ってくる。野菜を売っている人がいるのだからそれをつくっている人がいるのだろうと考えられるようになるのである。中学校の段階はキャリアにとって非常に重要な時期である。中学校のわずか三年の間に、子供たちは高校進学、受験というものに直面する中で、多くの夢を捨てていく。瞬く間に現実的な選択肢の中でだけ職業を考えるようになってしまう。図7は小学生が大人になったらなりたいものである。このような夢を中学校の三年の間に自然に自分自身で捨ててゆく。あなたにも捨てた夢があっただろうと思う。私も漫画家になりたいという夢、そして絵描きになりたいという夢を持っていたが、「絵を描いて生活することは大変だ」という極めて現実的な理由であきらめた。

**図7　小学生が大人になったらなりたい職業**

| | 男子 | | 女子 |
|---|---|---|---|
| 1 | 野球選手 | 1 | 食べ物屋さん |
| 2 | サッカー選手 | 2 | 保育園・幼稚園の先生 |
| 3 | 学者・博士 | 3 | 看護婦さん |
| 4 | 大工さん | 4 | 学校の先生 |
| 5 | 食べ物屋さん | 5 | 飼育係・ペット屋さん・調教師 |
| 6 | お医者さん | 6 | 花屋さん |
| 7 | テレビ・アニメ・絵本キャラクター<br>警察官・刑事<br>電車・バスの運転士 | 7 | 美容師さん |
| | | 8 | お医者さん |
| 10 | おもちゃ屋さん<br>消防士・救急隊 | 9 | 歌手（タレント） |
| | | 10 | ピアノ・エレクトーンの先生・ピアニスト |

出所：第一生命保険相互会社 2004年

しかし、このような子供の頃に描いた夢は自分の価値観の本質に根ざしていることが少なくない。人生の後半に入ったときに、もう一度子供の頃の夢を追いかけて今度は実現させてみるというのもキャリアデザインのテーマなのである。

アメリカでは興味深い二つのイベントを行っている。一つはジョブ・シャドウイング[1]（Job Shadowing）と呼ばれるもので、毎年二月の一日を使って行われるのだが、自分が興味のある仕事、あるいは子供たちに見せたいと考えて準備された仕事をしている人に、影のように一日ついて歩いて、その仕事というものに触れるイベントである。この一日のイベントが子供たちの職業観に与える影響は大きい。たとえば病院で働く医師についてまわった子の中からは、人の命を救う仕事の素晴らしさに感動して、どうしたら医師になれるのかを考え、学習に取り組む子が出てくるのだという。

もう一つは子供参観日[2]（National Take Your Children to Work Day）というもので、両親の働いている姿を会社などに行って生で見るというイベントである。父親や母親の働いている姿を見る機会はなかなかないので、子供たちには大きなインパクトがあるようだ。イベントは一日だが、その日をきっかけに親との間で仕事についての会話が生まれるという効果がある。

このようなイベントは一部日本でも試行的にはじまっている。子供参観日は、失業中の親や父親もしくは母親のいない子供への配慮で難しいが、ジョブ・シャドウイングは現在多くの地域で検討されている。

小学校から中学校にかけての時期に仕事に関する知識やイメージを全く持たないままに高校以降の競争社会に入っていくと、現実的になるとともに、夢や目標を失い、将来の自分に期待できない子たちをたくさん生み出してしまう危険がある。多くの国際調査が、日本の子供たちは将来の夢を持っていないという結果を示している。

## (2) 高校生のキャリアデザイン

高校になると普通科、商業科、工業科などに分離するが、日本では高校段階での職業教育は一般に希薄である。それは大学進学率が高く、高卒就職率が低迷していることとも関係しているだろう。今や高校卒で就職する人の割合はおよそ一七％である。地元の工場や銀行・信用金庫などが大量に高校卒を採っていた時代は終わった。

進学高校では就職指導もなく、大学進学を前提とした授業を行っている。ここでもまた、職業についてあまりにも考える機会が不足しているという状況が生まれる。

中学校から高校にかけて、職業のイメージを持つ機会というと、テレビドラマで取り上げられた職業にあこがれたり、アルバイト先で働いている社員を見てあこがれたり落胆したりするという程度である。最近では普通科の高校でもインターンシップや実習を行うことで仕事と触れ合う機会を増やしているが、まだまだ少数でしかない。

最も重要なのは、進学するのか、就職するのか、真剣に考えてみるということだろう。みんなが行くから自分も行くという大学進学では実り多い大学生活にはならない。就職を真剣に考えた結果、より高度な学習が必要であるとか、より高い教養を身につけておく必要があるという結論に至れば、大学に行けばよい。職業を考えた上での大学進学であれば、学部の選び方や大学の選び方もよりしっかりしたものになる。またより明確にイメージする職業があれば、大学ではなく専門学校に行くという選択肢も有効である。近年では、上位大学に合格できる学力を十分に持った学生が、明確な将来目標を持っているがゆえに専門学校を選ぶというケースが増えている。

大学も偏差値だけで選ぶと、大学合格と同時に目標を見失って抜け殻のような日々を過ごすことになるか、試験や親の目から解放されて、遊びだけの日々になってしまうだろう。

「選択する」ということ。そして「意思決定する」ということ。この経験はとても重要だ。決断の経験がないと、いつまでたっても、時には中高年になっても決断できるようにはならない。

また、この頃のキャリアデザインで重要な問題に「手順」がある。すぐに進学することがよいのか、それとも一旦社会経験を積んでから大学に行くのか？　専門学校に行ってから大学に行くのか？　さまざまな経路がある。

大学は本格的に全入時代を迎え、誰でも大学に入れるし、誰でも大学を卒業できるようになった。いわゆるユニバーサル化[3]である。もはや大卒ということだけでは価値はない。だからこそ、改めて学習の場としての大学をいつどのような形で使うのかが重要になるのである。義務教育以降の手順は本人の意思次第である。学ぶ意欲がないのにすぐに進学する必要はない。学ぶ意欲がなかった人でも仕事をすると逆に意欲が湧いてくるものだ。同じだけの時間を費やしても、手順が変わることによって効果が大きく異なるのである。

## 2　就職活動をにらんだ時期

今では、大学に入ると早々に就職について悩むことになる。まだ一年生の段階から、ダブルスクールに通って資格を取っておかないと就職で不利になるのではないか、とか、将来の仕事を決めたと公言する友人を前にあせりを感じたりということを経験するだろう。高校まで「働くということ」について全く考えてこなかった人は、大卒→就職という出口を目前にして、長期の試行錯誤を繰り返すことになるのだ。この時期にぶつかる典型的なキャリアデザイン上の悩みについて考えてみよう。

### (1)　自分が何に向いているか、何をやりたいのかわからない

就職活動というのは自分が行きたい業界を選ぶことであり、さらに職種も希望を出さなければいけないことになる。そこで「いったい自分は何がしたいのだろうか？」という根本的な疑

問にぶつかる。いくら内省してみても、わからない。子供の頃は何になりたかったかな、と思い出してみても、それは今や現実離れしたプロ野球選手だったり、漫画家であったりで、なんら参考にはならない。そこで改めて考えてみるのだが、どうしてもリアリティが湧かないのである。

それはそうだろう。仕事をしたことがない人にやりたいことを明確にせよということはむしろ酷であると思う。仕事への動機とは実際に仕事に接したときに生まれる。経験がない中で頭の中で考えようと思っても無理なのだ。「自分は公務員になりたい!」などと簡単に答えを見つけてくる人は、単に自分自身に思い込ませるのがうまい「適応上手」なだけで、本当にその職業に適しているわけでも、心の奥深いところでその仕事を選択しているわけでもないのだ。その証拠に、早くに職業名を叫ぶ人ほど、早々に希望が変わっていたりする。

古くから実践されている方法は、OB・OGの就職先を一つの選択肢としておき、実際にOB・OGと会って話を聞いてみるという方法だ。

しかし、現在の就職活動では、以前のようにOB・OGリクルーターが各大学に配置されて採用活動を人事部と連携して行うといった風景は見られなくなったし、学生側も情報をWEBに頼ってOB・OG訪問をしなくなってきている。

その結果、ますます自分がやりたい仕事が何だかわからなくなってきているのだろう。興味のある仕事があるなら、まずはインターンシップに行ってみるとか、アルバイトでもぐりこんでみるとかして、生で見てみることだ。そうするとその仕事の「真実」が見えて、その結果、やってみたいという意欲が湧いてくるかもしれないし、反対に失望して他の仕事を探そうと思うかもしれない。漠然と「マスコミ系の仕事がしたい」とか「企画の仕事がしたい」と考えている人には、特にいい機会になるだろう。一見きれいで格好よく見える仕事ほど実は体力勝負の現場だったり、地味でなかなか報われない仕事だったりするものだ。

さて、それでもやりたいものが見つからないときは、それはそれで仕方ない。戦略を切り替えて、入れるところ、成長できるところという観点で会社を選べばよい。

少々荒っぽく聞こえるかもしれないが、最初につく職業が何であるかはそれほど大事ではないのだ。大学時代に「すごくやりたい！」と思ったことでも、社会に出てみると数年以内にはすっかり変わってしまうことが往々にしてあるからだ。むしろ、初級キャリアは、「筏下り」の時期なので、自分が鍛えられる会社＝「激流」を選ぶことのほうが大事なのだ。激流か否かは三〇歳前後の社員を見ればわかる。成長していると顔に充実感があふれる。忙しくても顔に覇気がある。そして激流企業は、辞めた人もさまざまな転職先で活躍しているものだ。「迷ったら激流を選べ」――私は常に大学生にはこのようにアドバイスしている。

やりたいことが見つからないからといって、立ち止まってしまうことが最も悪い選択なのである。

### (2) 「自分探し」という放浪の旅

大学時代に「働くということ」について、深く考え自分なりの結論をうまく出せないと、一般的な就職をやめてモラトリアムとしてのフリーターや無業になってしまうケースがある。あるいは、それほどの信念もないままに専門学校に入り直してみたり、留学してみたり、大学院に進学してみたりすることもある。どれも似たようなもので、いわゆる「自分探し」のための時間稼ぎなのである。

はっきり言っておくが、自分など探しても見つからない。自分は探すものではなく、つくるものだからだ。

自分探しとは、自分自身に対して根拠のない自信と漠然とした不安があるときに、誰かに「あなたは素晴らしいよ」と言ってもらって安心したいという欲求から起こるものだと私は理解している。本当に自分の可能性を見極めたいのなら、死に物狂いで仕事と格闘しなければならない。いつでも逃げ道が見つかるような場に身を置いて、ぬるま湯の中にいたのではどんどん自分の可能性を小さくしてしまうだけである。

正社員として就職することが絶対的に正しいことだとは思わないが、キャリアデザインの視点から考えたら、迷うなら正社員になっておいたほうがよい、と思う。それ以外の選択肢を選ぶのはかなり明確な戦略があるときのみである。

たとえば、演劇の道でプロになりたいという明確な目標があって、そのためにフリーターで生活費を稼ぎ、残りの時間をすべて演劇につぎ込むというのであれば、それは立派なキャリアデザインである。プロの俳優で生活していけるようになるのは狭き門だが、それが自分の夢であれば、チャレンジしてみたらよい。その人たちを単にフリーターであるという理由で批判する人がいたらそれは間違っている。

ところがそのようなフリーター（夢追い型フリーター[4]と呼ばれている）はごく一部で、たいていのフリーターは自分探しか、あるいか正社員になれなくてやむを得ずフリーターになった人たちだと思う。フリーターは短期間で卒業しないと、どんどん脱出が難しくなる。一年以上やっていると、正社員の面接を受けるときに、フリーター期間を職業能力が高まっていないブランク期間とみなされて採用されにくくなる。フリーターを経験すると、サービス業や小売業

**図８　新卒フリーター比率とフリーター経験有無別年収**

（%）

| | 正社員 | フリーター | その他 |
|---|---|---|---|
| 18～24歳 | 52.5 | 32.5 | 15.0 |
| 25～29歳 | 73.2 | 15.7 | 11.1 |
| 30～34歳 | 84.5 | 9.5 | 6.1 |
| 35～39歳 | 88.4 | 7.1 | 4.5 |
| 40～44歳 | 87.9 | 5.4 | 6.7 |
| 45～49歳 | 89.3 | 3.5 | 7.2 |
| 50～54歳 | 90.0 | 2.5 | 7.4 |
| 55～59歳 | 89.0 | 2.8 | 8.2 |
| TOTAL | 81.2 | 10.4 | 8.3 |

| | フリーター経験 | |
|---|---|---|
| | ある | ない |
| 30代正社員平均年収 | 395.2万円 | 504.9万円 |

出所：リクルートワークス研究所　ワーキングパーソン調査　2004年

以外への就職の門戸が狭くなり、三〇代では、そうでない人と比べて年収で一〇〇万円程度の差が出てしまう。そのような「コスト（機会費用）」がかかるのである。よほどの確信がなければ、フリーターをやっていては損なのだ。それにもかかわらずすべての新卒者（大学、高校、専門学校など）の三割強が新卒フリーターになっている。

「自分探し」でフリーターになった人には、承認欲求[5]が高い人が多い。そのため、アルバイト先で認められるとそこを「居場所」と認識して長居してしまう傾向がある。使う企業の側はうまくフリーターの心理を掴んで低賃金で長く働いてもらおうとしてそうするので、そのテクニックに乗ってしまうと、気がついたときには三〇歳、ということになりかねない。

### (3)　安定した企業に行きたいという誤り

就職活動の時期に生まれる志向で気になるのは「安定した会社に行きたい」という志向だ。大まかに学生を二分すると、「優秀な人材がいる会社に行きたい」という志向と「安定した会社に行きたい」という志向とに分かれる。この二分は、就職するときまでにしっかりと対人能力、対自己能力、対課題能力などの基礎力を磨いてきたか、そうでなかったかによる。自分に対して自信がある人は、優秀な社員が働いている場に行けばきっと自分ももっと成長できるだろうと考え、そのような会社を志向する。反対に自分に自信がなければ、能力で自分の地位を守ることもできないし、競争して勝つ自信もないので、安定した会社に行きたいと考えるのだ。

もしも、自分に安定志向が芽生えているとしたら、今からでも自分を鍛え直し、もっと前向きにチャレンジする人生を送るようお勧めしたい。

現代において「安定した会社」など、そもそも存在しない。いつ倒産するかもしれないし、いつ買収されるかもしれない。公務員が最も安定しているだろうということで、公務員志望も増えているが、公務員とてこれからの民営化の流れの中では絶対とは言えない。そのような状態にもかかわらず、そしてまだ若く、これからの人生であるにもかかわらず、安定を求めてどうするのであろうか。

「○○社一〇〇％出資の安定した会社です！」というキャッチコピーに誘われて行く学生は安定志向であるとともに本当の安定ということを知らない学生だろう。子会社なのだから先の命運はわからないということに気づかなければならない。そのようなキャッチコピーを使いながら、いい学生が集まらないと嘆いている企業も考え直さなければならない。自分に自信がない人、来てくださいと言っているようなものなのだから。

## 3　入社直後のキャリアの危機

### (1)　リアリティ・ショック

企業に入社して最初に訪れるキャリアの危機は「リアリティ・ショック」と呼ばれるものである。頭で想像していた仕事あるいは職場と、現実との間に大きなギャップがあって、それを埋めることができないのだ。

リアリティ・ショックが起こるのは、大きいか小さいかの違いはあるにせよ、必然のことである。

理由は二つ。入社前の人事部門とのコミュニケーションでは、企業の良いところは強調されるが、悪いところはあえて説明されないことが多い。そのため、「こんなに残業が多いのか」とか、「こんなに辞める人が多いのか」とか、「こんなに雑用が多いのか」といった驚きが生まれることになる。もう一つははじめての就職であるがゆえに、世間知らずで頭の中だけで仕事を考えていたことによる。特にWEBだけで就職活動をしていた人はよりリアリティを持ちにくいかもしれない。仕事というものはどれも大変なものでそれほど優雅なものではないが、いいところだけを想像してしまう傾向があるのだろう。

しかし、このようなリアリティ・ショックが起こること自体はさほど問題ではない。ショックを受けることではなくて、ショックを引きずることのほうに問題があるのだ。入社直後に受けたある種の「違和感」が取れないために、なかなか職場にも適応できない。同期入社の仲間に相談してみても解決策は生まれない。その結果我慢の限界がきて、ある日突然辞めるということになる。

大卒就職で入った会社を三年以内に辞めてしまう人が三割いる。もちろんその過半数は思うような会社から内定を取れなかったため本当の希望ではない「妥協」の結果なのだろうが、このリアリティ・ショックの結果で辞めるケースも相当にあることも間違いないだろう。

以前から三割近い人が三年以内に辞めていたので、それほど急速に辞める人が増えたというわけではないのだが、意外な人が意外なときに辞めるようになった、というのが人事部門から多く聞かれる感想である。

ではこのようなリアリティ・ショックを解消するための手段はないのだろうか。人事部門の取り組みとしては、RJP[6]（Realistic Job Preview）というものがあって、入社前に仕事に触れる機会を用意したり、ありのままの現実を伝えることで、入社後のギャップを小さくしようという試みをしている。

しかし、最も大切なことは、本人が職場の先輩や上司と腹を割って話すことである。それ以外の方法はない。団塊ジュニア以降の世代は年齢が離れた人たちとのコミュニケーションに自信がなく、つい同期で固まり同期に相談するという人が多いが、新入社員が新入社員である同期に相談してもたいした解決策は生まれない。そこは職場の先輩や上司のほうが同じ環境に適応してきた経験を持っているのだからよほど大きなヒントを与えてくれるだろう。

初級キャリアでぶつかる課題の多くは職場の縦のコミュニケーションをよくすることで解決できる。ここでも対人能力がモノを言うのである。

### (2) 即戦力についての誤解

新入社員によく送られる言葉に「即戦力として期待しているよ！」というものがある。この言葉がなかなか危ないのだ。

「即戦力」という言葉は、企業が人材を育成するだけの余裕がない中から生まれてきたもので、あまりいい言葉ではない。大学生がこの言葉を聞いた場合には、専門的な知識や技術を入社前に身につけておく必要があるのだと思い込み、ダブルスクールに走ったりすることになる。これは大きな誤解で、本当に大学時代に磨くべきは基礎力であり、けっして専門知識や技術ではないのだが、言葉の誤解が企業の本来言いたいことと学生の行動とのギャップを広げてしまうのだ。

また新入社員のケースでは、即戦力期待がどのように伝わるかというと、「一人でやりきれ」という理解になってしまいやすい。先輩に頼らず、自分の力でやりきることが一人前であり、その期待に応えなければならないと考えてしまう。一人でやった結果、思うようにできず、結果として大きな失敗をおかしてしまい、その失敗を穴埋めするために、また一人で頑張ろうとしてしまう。

即戦力期待の本当の意味は、これまで一人前になるのに三年から四年かかっていたのを一年から二年で一人前になってくれたらいいなぁ、という淡い期待であり、そのために、周囲の力を借り、どんどん成長してほしいということである。けっしてすぐに一人で抱え込めというような期待ではない。

この即戦力という言葉を誤解した後には、さらに大きな問題が起こる。本来仕事上の失敗など日常茶飯事のことだが、新入社員時代にはその免疫がないため、立ち直れなくなってしまいやすいのだ。周囲から見て、長々と落ち込んでいる新入社員ほどやっかいなものはない。失敗したことは反省して、次はどうやるかに気持ちを切り替えることが重要であり、いつまでも暗くなっていてもらっては困る。

必要なのは、楽天的に考える習慣であり、ストレスをマネジメントする力だろう。仕事の悩みが不眠や生活の乱れにつながると、影響はさらに長引き、時には精神的な病に陥ることもある。新入社員にとって、仕事上の失敗にどう対応するかはキャリアを阻害しないための重要な能力なのである。

### (3) 職場の人間関係でのつまずき

新入社員のときは、誰でも早く職場に馴染みたいと思うだろう。まだ、仲間や先輩、上司との距離感もわからず、どう接していいかわからずに疲れ果ててしまうかもしれない。

よく見られる失敗は、過度に適応しようとしすぎて、自分を押し殺してしまい、本音のコミュニケーションができなくなり、自分を理解してもらえないということである。会議の場でも、何か意見を言って否定されるのもいやだし、誰かと口論になって人間関係を悪くするのもいやだから、思うことがあっても黙っているということがないだろうか。何も言わなければ、意見がない（もしくは考えてない）と思われるか、何を考えているのかわからないと思われるだろう。これは職場の人間関係を形成する上でかえってマイナスである。むしろ新入社員なのだから、間違いを恐れることなく発言したほうがいい。間違っていれば訂正してくれるのでそれで覚えられるし、少なくともどんな価値観を持っていて、どんな考え方をする人間なのかわかってもらえるだろう。

職場の人間関係は共に高い水準の仕事をするための人間関係であって、仲良しクラブではないから、表面的に円満であるだけではいけない。理解して協力し合える人間関係をつくらなければならないのだ。自分を表現せずにはこの関係はつくれない。

**図9　世代による人間関係における意識の違い**

| | 団塊 | 新人類 | 団塊ジュニア |
|---|---|---|---|
| 社内では同期や同年代で集まったり行動したりするのが好きだ | −0.28 | −0.17 | 0.23 |
| 会社などのオフィシャルな場で自分の意見を出すのは抵抗がある | −0.84 | −0.79 | −0.38 |
| 一緒に仕事をしている同僚が一番自分を正しく評価できる | −0.39 | −0.27 | 0.06 |

非常にそう思う（2）　そう思う（1）　どちらでもない（0）　あまりそう思わない（−1）全くそう思わない（−2）として指数化

出所：リクルートワークス研究所　就職観に関する調査　2004年

もう一つ基本的なことで重要なのは、ちゃんとあいさつをすることだ。会社に行ったときに「おはようございます」、帰るときに「お先に失礼します」というあいさつができない人は、さまざまな年齢層の人がいて、さまざまな価値観の人がいる職場では受け入れられない。あいさつなど一見無駄な行為のように見えるが、実は人間関係をやわらかくしていく上で大きな効果を発揮するのだ。

学生の人間関係と社会人の人間関係の最大の違いは、社会人になると嫌いな人とも付き合わなければならないということであろう。仕事上の関係者や顧客は簡単には選べるものではない。そのために好きでない人との付き合い方に慣れることが欠かせないだろう。大事なのは相手のいいところを発見する技術かもしれない。悪いところがあっても、いいところを認めることで許せるし、いいところを活かすように付き合えばいいからだ。そのような人間関係のテクニックを身につければ、将来リーダーとして大きくなれるし、反対にこのような人間関係が上手くない人は、年齢が高くても子供っぽく見えるものだ。

### ⑷　第二新卒という再チャレンジ

それでも不幸にして最初に入社した会社では上手くいかないというケースもある。もちろん、本当に企業選びに失敗してしまって、誰から見ても「良くない」会社に就職してしまい、やり直しというケースもあるだろう。

そのようなケースでは第二新卒という道を選ぶことになる。第二新卒という言葉はバブル崩壊以降に使われるようになった言葉で、新卒で入社した学生が早期離職した場合に、もう一度新入社員扱いで別の会社でスタートを切る制度のことだ。多くの場合、自分よりも一年とか二年下の新入社員と同じ初任給で処遇され、四月一日付けの入社で、通常の新入社員と一緒に研修を受けることになる。

日本では「新卒採用」のしくみが強固で、学卒時に多くの優良な求人がある一方、その機会を逸すると、次は経験者採用のステージになってしまって、むしろ就職機会が少なくなる傾向があった。そこで早期離職者の再チャレンジの場として第二新卒の機会が設けられたのである。まだまだ若いうちなので、いくらでもやり直しがきく。ただし、第二新卒市場でも、最初に入社した会社でなぜ上手くいかなかったのか、どういう努力をした結果だめだったのかは当然ながら問われる。「やるべきことをやった上での離職かどうか」が大事なのである。

### (5) 多様化する二〇代前半のキャリアルート

学卒時に新入社員として正社員採用され、そのままその会社で二〇代後半を迎える人は卒業後働く人の四割程度に過ぎない。図8（六六ページ）にある通り、新卒時に正社員として採用される人が五割強。そのうち三割は三年以内に離職してしまうからだ。逆に言えば、過半数がそれ以外の多様な道筋で二〇代のキャリアを歩んでいるということになる。

当初は派遣社員となって働き、その中から正社員としての登用の道を探る人や、アルバイトから正社員の道を探る人もいるだろう。

また最近の傾向として、契約社員という有期の雇用契約で新卒を採用する会社が増えてきたため、契約社員として二〇代前半を過ごす人もいるだろう。

もちろんフリーターとして働くという人も多い。

ここでそのキャリア選択が有効か否かを決めるのは、次の二つのポイントである。

①そのキャリアは職業能力を高めることにとって有効か

②そのキャリアは自分の「方向感覚」に合っているか

この二つがNOならば、キャリアデザインを見直したほうがいいだろう。新卒のときは迷ったら激流を選べと言ったように、二〇代ほど職業能力が短期間に高まるときはない。この時期に停滞してしまうと大きなハンディキャップを背負うことになってしまう。雇用形態ではなく、本当に自分が鍛えられて、能力が高まっているかどうかにこだわるべきだろう。フリーターでも、会社によっては難易度の高い仕事と責任を任されるところもある。（仕事にふさわしい賃金をもらっているかどうかは別にして）そのような会社であれば、フリーターをしていることは必ずしもマイナスにならない。

もう一つの「方向感覚」とは、自分が将来やっていきたい、あるいはやっていくかもしれない職業の方向をにらんだものかどうかということである。自分の専門領域を腹決めするのはまだ先だが、若い段階でも大まかな方向感覚はキープしたほうがいい。たとえば、将来は自分の店を持ちたいからショップでバイトしている、というのは方向感覚が合っているということになる。この方向感覚すらなく、ただ日々の小遣いを稼ぐだけの仕事であれば、その仕事から得るものはほとんどないだろう。同じフリーターでも天と地ほどの違いがある。そのことを忘れないようにしておきたい。

もっともよくない過ごし方は、働いたり、働かなかったりを繰り返す「日雇い」的な働き方をすることである。ときどき呼び出しを受けて働くような働き方は世界各国にあって、「オンコール・ワーカー」と呼ばれている。このような仕事と全力で向き合わない働き方は将来のキャリア成功の芽を摘み取ってしまうことになりかねない。

## 4　三〇歳をにらむ時期のキャリアデザイン

入社して五年程度がたった頃からのキャリアデザインについて考えてみよう。ほぼ一人前に仕事ができるようになっている頃であるし、また少し余裕を持って周囲を見ることができるようになっている頃である。

### (1)　このまま三〇歳を迎えていいのか

キャリアの節目と言える時期である。新卒で入社した人はこのまま今の会社でいくのか、それとも転職するのかを考える時期である。

もしこのまま会社に残った場合、五年先、一〇年先にどのようなキャリアイメージになるのかは、先輩や上司の姿から想像ができる。そのような姿を自分の将来イメージとして受け入れられるのか否かがポイントになるだろう。尊敬できる先輩やあこがれの先輩、ついていきたいと思える上司、ロールモデルとなるような上司がいるかどうか。そしてその先輩や上司の社会的なポジション、年収はどうか。冷静に考えてみたほうがいいだろう。

もしも全く畑違いの分野の会社に転職するならば、三〇歳前というのは一つの目安である。未経験だけれども可能性に期待して採用するという「ポテンシャル採用」は、三〇歳を超えると急速に少なくなるからだ。

入社した会社の将来性に不安を感じている場合や、会社の社会性や健全性に疑問を感じている場合も、この三〇歳前のタイミングで転職を考える人が多いだろう。確かに業績はよく、給料もいいのだが、はっきり言って社会的にはかなり危ない事業をやっている会社に見切りをつけて、顧客を幸福にできる仕事に転職するというケースは多い。

一方、非正社員として働いてきた人にとってもこの三〇歳というタイミングは大きな節目になる。二〇代と三〇代とでは社会の受け止め方も変わるため、三〇代のフリーターになると社会の目もより厳しくなる。また多くの人が結婚する年齢でもあるので、より将来を見据えた仕事につきたいと自然に思うようになるだろう。

フリーターの年収はフルタイムで働いた場合で概ね二〇〇万円である。親からの支援を受けないという前提で考えると、フリーター同士が共働きで稼ぐ世帯収入四〇〇万円は、生活はできるが、仮に子供ができて出産のため女性が仕事ができないとなるとたちまち生活困難に陥る。どうしてもより賃金が高く、安定性のある身分を獲得しておく必要が出てくるだろう。

私はよく「三〇歳成人説」ということを言っている。人間の寿命が長くなり、勉強をする期間も長くなったので、必然的に大人になるのも遅くなる。そのため、一五歳までは義務教育の中で、基礎学力と生きるために必要な基礎力とをしっかりと鍛え、一五歳から三〇歳までは働くことと学ぶことの順番を工夫しながら自分の道を探すために試行錯誤する期間とする。三〇歳では過去の経験によらず新卒採用のようにあくまでも将来性に期待してくれる就職の場があり、その代わり三〇歳から先は年齢による差はない全くのエイジフリーで、定年もない代わりに完全に実力主義でやっていくというプランだ。これは、冗談半分のシナリオ提案だが、この三〇歳という年齢はキャリアにとって大きな節目であることは間違いない。

### (2) 学び直し

もしもう一度本格的に勉強したいと思うならば、このタイミングは最高のタイミングだろう。実際、ＭＢＡなどの社会人大学院に行く人が多いのはこの三〇歳前の時期であるし、大卒者が将来の進路を見据えて、改めて専門学校の二年間のコースに入学する人が多いのもこの頃である。

一定期間仕事の経験を積んでから学び直すということは学習成果があがりやすい。ＭＢＡなどは全く職務経験がない中で勉強してもリアリティが湧かないだろう。しかし、だからといって、あまり遅くなってから行こうと思っても、今度は仕事の中でも役割が大きくなっていて、なかなか二年間という勉強の時間をとることが難しくなる。

私も社会人大学院で教鞭を取ったことがあるが、学部の学生と比べて、社会人学生は授業料を投資している分、元を取ろうと思うのか、実に真剣である。また学びに来ている目的もはっきりしているので、教えるほうにも張り合いが出る。

学習期間が終わった後に、三〇歳というタイミングを迎えるのであれば、キャリアの選択肢は大きく広がるだろう。

仕事をしていると、どうしてもまとまった時間を勉強のためにとるチャンスを逃してしまいやすい。もしも大学院へ行くことを会社が支援してくれる場合であれば、特に用意周到にその機会を活用したほうがいいだろう。

### (3) はじめての評価格差を経験する

この時期の特徴の一つに、同期との格差がつき始めるということがある。自分の評価というのは自分自身ではわからないことも多い。結果として示されてはじめて、会社は（正確には上司は）自分をこのように評価しているのかということがわかる。

同期よりも高い評価であれば自尊心が満たされるし、低い評価であればたいていの人は上司が正当に評価してくれないと思うものだ。

人間は一般に自分を過大評価している。そのくらいでちょうど幸福なのだ。自分と同じ実力の相手は下に見える。少し上の相手は同等と思う。少し上かなと思う相手は相当に上である。そのためきちんと正当になされた評価では不満なのである。

正当に評価してもらうために必要なのは「報連相（ほうれんそう）」である。上司とのコミュニケーションのあり方として昔から言われている言葉で「報告」「連絡」「相談」の重要さを伝えている。私はこの「報連相」を、その手順に従って「相連報（そうれんほう）[7]」と言い換えている。

仕事をするにあたり「事前の相談をして方向性を共有しておく」（つまり相）、「仕事の途中経過連絡をして、順調に行っているか、思わぬ壁にぶつかっているからアドバイスをしてほしいかを伝える」（つまり連）、「仕事の結果・成果を報告して上司と共有する」（つまり報）。この仕事のコミュニケーションが上司としっかりできていれば、仕事はやりやすくなるし、大きな成果もあげやすくなるし、評価も高くなるだろう。上司の評価に不満を持っている人は往々にして上司がいつも自分のことを見ていてくれるものだと期待し、甘えているのではないかと思う。上司は完璧ではない。いやたくさんの欠点を持っていると言ったほうがいい。だから状況や成果を説明もせずに評価だけしっかりしてくれというのは無理なのである。

はじめての評価格差を経験するこの時期は、同時に上司との関係性を見直し、良い関係を構築しなければならない時でもあるのだ。

### (4)　ストレッチの時

二〇代の終了は、同時に修行期間の終了を意味する。ベンチャー企業には修行期間というような概念はなく、新入社員からいきなり大きな仕事を任されるが、大企業では二〇代のうちにはそれほど勝負がかかった仕事を任せてはもらえない。

しかし、三〇歳を迎える頃から、早ければ係長とかチーフといった初級管理職の職位をもらい、本格的に重要な仕事をこなすことを期待されるようになる。もう修行期間は終わり。独り立ちしなさい、ということである。

上司も細かいことまでは指示せず、ある程度任せてくれるようになるだろう。そこで自ら仕事の勘所や段取りをつけていけるかどうかが試される。「ストレッチ」[8]と俗に言われる背伸びをしないと届かないような難しいミッションを与えられるのもこの頃だ。この高い目標をクリアすれば、その先は壁にぶつかるまで、どこまでも難易度を上げてミッションが降ってくる。

つぶれてしまえば、ギアを一段階落とす。つぶれなければ行けるところまで行かせる。そのような人材育成方法が取られるのである。

ここはこの流れに乗ることだ。毎日忙しいと思う。その代わり仕事の充実感も存分に味わえるに違いない。

## 5　三〇代半ばの「筏下り」卒業期

大きなキャリアデザインの考え方として、はじめは「筏下り」型で基礎力を蓄え、経験を積みながら自分の専門分野の方向性を見出していくという段階があること、次に「山登り」型でその選択した専門分野でプロとしての力量と実績を積み重ねてゆき、その道のトッププロとして地位を築いてゆく段階があることを第Ⅰ部で示した。その移行をスムーズに行うことがキャリアを成功に導くことになる。

三〇歳を超え、三〇代も半ばに差し掛かろうという時期は、まさしく「筏下り」から「山登り」への移行期であり、キャリアデザインの重要な時期にあたる。

### (1)　「筏下り」の終わり

筏下り型のキャリアデザインは何年くらいが理想なのだろうか？　早い人であれば、五年もあればその後の専門選択に必要な経験や出会いを済ませ、山登りに移行するだろう。遅い人であれば、おそらく生涯筏で下っているだろう。

しかし、筏下りにも適当な止め時がある。それが三〇代半ばなのである。

まず筏下りを止めるためには、仕事人としての基礎力、つまり対人能力、対自己能力、対課題能力が十分に身についていなければならない。しかも、複数の職務を経験していて、ある程度はその経験した仕事を客観的に見られるようになっていて、そこから自分の専門選択の意思決定ができなければならない。

自分の専門領域をこれと決めるのは、想像以上に難しいことである。専門領域を決めるということはそれ以外の領域は専門でないということを同時に決めるわけなので、「捨てる」勇気が持てないと腹決めができない。また、本当にその領域で自分がトッププロになれるかどうか判断がつかないということも決めにくい原因になるだろう。

しかし、決めないとここから先にキャリアは描けないのである。

それでもついつい決断を先送りしてしまいたくなる。

上司や人事から「どうするんだ」と聞かれても、つい「もう少し待って下さい」と答えたくなる。山登りのキャリアに移行して、ここから本当に自律と自己責任でキャリアを歩まなくてはならなくなることが怖い。

自分で選んだ専門領域であるから、泣き言は言えない。その後のプロとしてのキャリアをきちんと歩けるかどうかは自分次第なのである。

三〇代半ばになると筏下りはもはや緊張の連続ではなくなる。持っている力の六割も出せば難なく川の流れに乗っていくことができる。つまり心地よいのである。楽なのである。ぬるま湯なのである。それだけに新たな山登りの旅は二の足を踏ませるのだろう。

時には自分のことを評価してくれる先輩（メンター）が、もう山登りの時期だからいいかげん決めなさいと背中を押してくれるかもしれない。そのようなメンターがいれば幸いだが、いなくとも決断しなければならないのだ。

ある程度の年限を決めて（たとえば二年とか三年とか）、それまでに専門分野を選択すると決めるのもいいだろう。その期間に試行錯誤するのである。立ち止まってじっくり考える。久しぶりにゆっくり大学時代の友人と飲むのもいい。家族に相談するのもいい。休暇を取るのもいい。どこかへ勉強に行くのもいい。時には異動を申し出て、別の興味がある分野に挑戦してみるのもいいだろう。その結果挑戦した分野でプロとしてやっていきたいと思うかもしれないし、元の領域がやっぱりよかったと思うかもしれない。そのような「試行錯誤」ができるのは筏下りの間だけである。

でも最終的には「腹決め」しなければならない。迷っているうちに月日はどんどん過ぎてゆく。もしも、腹決めをしないままにしてしまうと、たとえば、転職しようとしても、何のウリもない状態になってしまう。いくら基礎力があるといっても、年齢が高くなればそれだけでは市場価値は高まらない。そして気づくと今自分がどこへ向かっているかもわからない「漂流」状態になるのである。

「漂流」しないためには、この時期に必要な「試行錯誤」をしておくことだ。そして三〇代のうちに「腹決め」することである。

### (2) 次世代リーダー選抜

三〇代前半は、多くの大企業で、一〇年先に経営幹部となる人を選抜し、特別コースで成長を支援してゆく「次世代リーダー」の選抜[9]時期でもある。日本経団連が二〇〇二年に実施した調査では、入社八年目から一三年目の時期、つまり大卒者の三〇代前半の時期に次世代リーダーとなる人材を選抜する企業が最も多いとしている。

次世代リーダーとは、その会社の将来を担い、事業部長から役員となってゆく人であり、その中から将来のCEOを輩出していこうというグループである。選抜されれば、そのことは自然に（多くの企業では公式には発表しないが）周囲に伝わり、期待と嫉妬の目で見られることになる。たとえば、関連会社の部長級に飛び級的に就任したり、各社の幹部候補生が集まるような勉強会に会社を代表して参加するようになったりという機会が与えられる。

しかし、問題は選ばれる個人のキャリアデザインと整合しているかどうかである。もしも、将来は経営幹部として活躍し、経営のプロの道を目指してゆくというキャリアデザインをしているならば、選ばれた人は最高にハッピーだろう。しかし、もしも特定の分野のエキスパートとして自分のキャリアをデザインしていたら、戸惑うことだろう。もちろん、エキスパートも会社にとって将来のリーダーの一角なのだが、どちらかといえば自分でやるプレイヤー型ではなくビジネスリーダー型として次世代リーダーを育てようとすることが普通だろう。もしもキャリアデザインと合わないならば、そのことを告げて対象から外してもらい、エキスパートとなっていくことの支援をしてほしいと言わなければならない。そこは交渉である。

自分のキャリアについて全くまだイメージできていない場合はどうか。つまり「腹決め」ができていない状態である。次世代リーダー候補になるということは、上司からはもう基礎力は十分に身についているという判断をされているということだろう。それにもかかわらずまだ筏で下っていて、その中で選抜されるというときである。その場合は、いい機会と考えて、経営のプロの道を自分の専門分野として選択するという方法もある。少なくとも次世代リーダー候

図10　年齢段階別の求人数

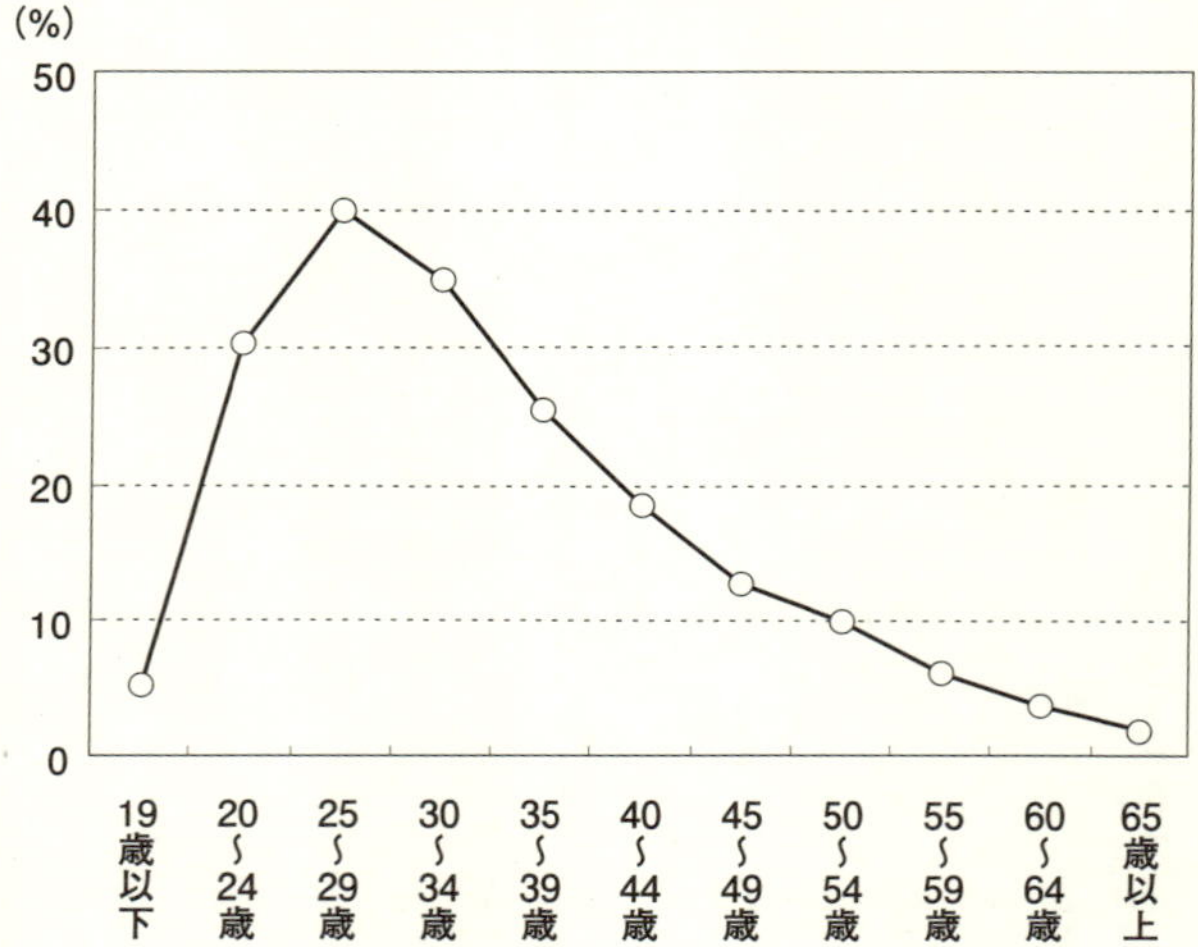


出所：リクルート（経済産業省委託調査）　人材ニーズ調査　2004年

補に選抜されたということは、上司や人事から、その素質ありと認められたわけなので、大きく外れているわけではないだろう。

ただし選ばれなかった人からは厳しい目が注がれるはずだから、並大抵の苦労ではない。

どちらにしてもこの時期にはそのような選択を迫られることになるのである。過去に自分のキャリアを「選択する」という経験や「決断する」という経験をしてこなかった人は相当悩むはずだ。中学校卒業以降、順調に来た優秀な人材ほど悩むだろう。

### (3) 最後の転職チャンス

同時にまた、この時期は有利な条件で転職できる最後のチャンスでもある。最も求人数が多いのはこの年代であり、経験者採用（キャリア採用）の旬である。基礎力も積み上げ、プロ直前のレベルまで業務経験を積んだ人ならば、転職して現在以上の待遇を得ることはさほど難しくないだろう。

図10は年齢段階別の求人数を示したものだが、一番のピークが二〇代後半にあり、三五歳を過ぎると今度は急速に求人が減ってくることがわかる。

三五歳を過ぎるとどこの企業でも管理職昇進の年代になるため、採用する人材も管理職としてすぐに登用できる人になる。そうすると管理職としてのマネジメント経験がどれほどあるか、あるいは管理職として仕事をするリーダーシップが身についているかが重要な採用基準になるので、中途採用のフェーズが変わるのだ。求人も公募形式から人材サーチ（いわゆるヘッド・ハンティング）に変わってゆく。

そのため、このタイミングで今の会社に残るということは、定年まで勤めるくらいの気持ちがあるか、もしくはプロとしてのキャリアを積んでからヘッド・ハンティングを待つか、独立創業しようと考えることを意味することになるだろう。

それは、転職しないという決断をいつの間にかしていることを意味するのである。

### (4) 出産とキャリアデザイン

女性特有の問題であり、キャリアデザインに大きな影響を与えるのが、出産のタイミングである。現在の平均的な結婚年齢からすると、三〇歳を過ぎた頃に出産時期がくることになる。もしも、筏下り中の女性が出産という人生のビッグ・イベントを迎えた場合、その直前までに持っていた仕事に対する自己イメージは大きく崩れるケースが多いようだ。

図11は出産前と出産後でそれぞれのキャリアコンセプトに関する質問についてどのように考え方が変わったかを示したものである。出産前と出産後という時間的にはそれほど大きな隔たりがないにもかかわらず、大きく意識が変化していることがわかるだろう。

それほど出産というイベントは女性に与える影響が大きく、自分の子供という存在が人生の価値観の中に大きく入り込んでくるために、仕事に対する価値観が相対的に低くなるのだと考えられる。それは人間としてごく自然なことであろう。もし、自分の専門領域が決まっていないときに出産時期を迎えるならば、もう一度子供の存在を前提に置いて、キャリアデザインをし直すことになる。

## 図11　出産前後のキャリア意識変化

（%）

| キャリアコンセプト項目 | 時点 | 正社員（出産前）→正社員（出産後） | 正社員（出産前）→非正社員（出産後） |
|---|---|---|---|
| **責任感**<br>考えていた | 出産前 | 74.4 | 71.7 |
| | 出産後 | 53.3 | 35.0 |
| **専門性志向**<br>持っていた | 出産前 | 77.8 | 73.3 |
| | 出産後 | 68.9 | 58.3 |
| **役職意向**<br>つきたくない | 出産前 | 37.8 | 68.3 |
| | 出産後 | 55.0 | 81.7 |
| **キャリアビジョン**<br>考えていた | 出産前 | 62.2 | 53.3 |
| | 出産後 | 53.3 | 46.7 |
| **学び志向**<br>持っていた | 出産前 | 73.9 | 73.3 |
| | 出産後 | 65.6 | 76.7 |
| **時間配分**<br>仕事優先 | 出産前 | 65.6 | 56.7 |
| | 出産後 | 22.2 | 11.7 |
| **自己実現**<br>仕事側にあった | 出産前 | 37.8 | 40.0 |
| | 出産後 | 20.0 | 25.0 |
| **就業意欲**<br>子供ができても仕事を続けたい | 出産前 | 70.0 | 45.0 |
| | 出産後 | 71.7 | 50.0 |
| **仕事を通しての成長**<br>考えていた | 出産前 | 80.0 | 75.0 |
| | 出産後 | 65.6 | 70.0 |
| **仕事の充実感・達成感**<br>あった | 出産前 | 83.9 | 83.3 |
| | 出産後 | 66.7 | 60.0 |

出所：リクルートワークス研究所　子供を持つ女性の就業に関する調査　2005年

一方、育児とキャリアを両立させようとするならば、いかにこのイベントを乗り越えるかを戦略的に考えておかなければならないだろう。

一つの方法は、なるべく早く山登り段階に入り、自分の専門分野を固めてから出産を迎えるということである。そこまで行けば仕事に対する自己イメージは強固になるため、イベントを隔てても崩壊することにはならない。一般に、男性と比べて女性のほうが専門領域を選択するキャリアデザインに早くから取り組む傾向がある。それは育児とキャリアの両立のための準備行動である。

もう一つは、早い時期に出産をして、出産後に筏下りからはじめる方法である。キャリアにとって最も怖いのはブランクである。ブランクがあるとせっかく積み上げた仕事に対する自己イメージや能力が退化してしまう。それならばまず子供を生み、最初から子供を育てながらキャリアづくりをはじめるという方法がある。女性で役員までいったり、企業経営者になっていたりするケースを見ると、案外早くに出産して、その後にキャリアを充実させていくケースか、全く子供を持たないケースのどちらかであることが多い。

現実には多くの女性は出産によってキャリアを中断し、キャリアに対する意識を低下させ、非正規の労働などで軽めの仕事につくか、その後の職業キャリアをあきらめてしまうかになっているのである。もちろん、しばらくの育児に専念する期間をとった後に、ある程度の年齢（四〇歳以上）になって、キャリア意識に「火」がつき、トップギアに入れて企業経営者になったり、トッププロになったりする事例もある。しかしその事例はまだ日本では少数派である。

早くに結婚した場合は早くに出産して、その後にキャリアを歩み始める。結婚年齢が遅かった場合には、筏下りから山登りの転換を早めに行って、キャリア基盤を安定させてから育児に入る。そのどちらかのキャリアを歩めれば、将来の「キャリアの成功」への確率が高まるに違いない。

## 注

1 **ジョブ・シャドウイング**　一九九六年にボストンではじまる。学校から職業への移行プログラムの一環として子供たちに職業を紹介する目的のもと、高校一年生を対象として実施。

2 **子供参観日**　アメリカで一九九三年からはじめられたもので、National Take Your Children to Work Day という。当初は娘に仕事をしている親の姿を見せるというイベントとしてスタートし、すべての子供を対象に広げられた。

3 **ユニバーサル化**　誰もが中等教育以降の教育を受けることになる状態を高等教育のユニバーサル化という。先進諸国に見られる変化であり、エリート段階からマス段階へ、マス段階からユニバーサル段階へと進んでゆく。

4 **夢追い型フリーター**　日本労働研究機構（現労働政策研究・研修機構）は、フリーターになる理由からフリーターを三つに類型化し、「モラトリアム型」（四五％）、「やむ得ず型」（四〇％）、「夢追求型」（一五％）としている。

5 **承認欲求**　アメリカの心理学者であるマズロー（A. H. Maslow）は、欲求段階説を唱え、①生理的欲求、②安全の欲求、③所属の欲求、④承認の欲求、⑤自己実現の欲求、とした。

6　**RJP**　一九七〇年代からワナウス（J. Wanous）らによって研究されはじめた採用手法で①セルフ・スクリーニング効果（自分がその仕事に向いているかどうか改めて考えさせる）、②ワクチン効果（事前に仕事のつらい面を伝えてあるので過剰な期待をさせない）、③コミットメント効果（困難を承知でその仕事をやり遂げたいという欲求を醸成する）があるとされる。

7　**相連報**　詳しくは拙著『あなたの「本当の実力」を会社に気づかせる方法』（佐藤文男氏との共著、PHP研究所、二〇〇五年）を参照されたい。

8　**ストレッチ**　たとえばGE（ゼネラル・エレクトリック）では、自分の能力以上の目標を設定する「ストレッチ・ゴール」という考え方が取り入れられている。能力以上の目標を持つことで成長を促進する効果がある。

9　**次世代リーダー選抜**　二〇〇二年の日本経団連調査によれば、次世代リーダー選抜について、「導入している」一七・五％、「導入を予定または検討中」一九・〇％、「制度化はしていないが抜擢人事等によって実質的に選抜・育成を行なっている」七五・二％、「特に実施していない」二・九％となっている。制度的な整備は別として、いかに大企業が次世代リーダー育成に取り組んでいるかを示す調査結果である。

# ［Ⅲ］基礎力を身につける

第Ⅲ部の概要

基礎力は対人能力――「親和力」「協働力」「統率力」、対自己能力――「感情制御力」「自信創出力」「行動持続力」、対課題能力――「課題発見力」「計画立案力」「実践力」を中心として、処理力・思考力を加えたものである。この能力は、どのような仕事をするにしても必要となる能力であり、EQ、IQg、人間力、コンピテンシーなどと表現されてきたものと多くの類似性を持つ。また能力ではないが、「動機」「価値観」からなる態度も極めて近い存在であり、基礎力と態度とがさまざまな場面で結びついて仕事に必要な能力を発揮することができる。

基礎力を適切な段階で身につけることで、キャリアの成功を実現する基盤をつくることができるだろう。

第Ⅲ部では基礎力の内容とその身につけ方について考えてみる。基礎力は日常的な生活や仕事の中でも磨くことのできる能力であり、仕事や生活をしていくために必要な要素が網羅されている能力である。主に「筏下り」の時期の間に身につけるもので、その後生涯にわたってそのレベルを高めていくものである。

# 1　すべての仕事に共通する力

## (1)　基礎力とは何か？

基礎力は「対人能力」「対自己能力」「対課題能力」という三つの能力と「処理力」「思考力」とからなり、密接に関連するものとして「態度」があることはすでに述べた。ここでは、より詳細な内容を説明しつつ、その能力がどのような場面で必要になるか、そしていつどのように身につけていくのかということを説明しよう。

まず新卒採用のときには基礎力の有無をチェックされると思っていいだろう。

ここに定義した基礎力は、一つには後に紹介するコンピテンシーの概念を参考にしている。またもう一つには、現在企業が新卒採用時に求めている能力を改めて再分析することから構成している。

基礎力は、社会人基礎力と呼ばれることもある。また、基礎力に似た概念として、さまざまな言語化が行われてきている。たとえば人間力、たとえばコンピテンシー、たとえばＥＱ、たとえばＩＱｇなどであるが、それは後ほど詳しく説明しよう。基礎力はけっして新しい概念ではないが、改めてその重要性が注目されているものなのである。

基礎力を高めることでキャリアの成功確率は高くなる。基礎力が高ければ高いほど、偶然の出来事を自分にプラスになるように持っていくことができるし、基礎力の高さだけで、二〇代は少なくともエンプロイヤビリティ（雇用される力）を保つことができるだろう。

仕事に必要な力はアメリカではFundamental Skills[1]として五つのコンピタンスと三つのスキルと表現され、多くの学校でこの能力を高めるための教育が行われているところである。日本の学校でも基礎力を高めるための授業を試行するところが生まれつつある。

仕事で必要とされている能力が何かは、学校の教育現場にいる人にはわかりにくい。そのために、これまで多くコミュニケーション・ギャップが生じていた。基礎力という能力の体系的な言語化はそのような教育現場のためであるとともに、これからキャリアデザインをしていこうと考えているすべての個人のためのものでもあるのだ。

### (2) 基礎力に似たもの　①ＩＱｇ

能力測定の地平線を開いた検査に「ＩＱ（知能検査）」がある。これは、一九〇五年にフランスの心理学者ビネ[2]（A. Binet）と医師のシモン（T. Simon）が開発したもので、義務教育の円滑な運営のためにフランス政府が彼らに開発を委嘱したことに端を発する。これをドイツの心理学者シュテルン[3]（W. Stern）が指数化する方法を見出し、アメリカの心理学者ターマン[4]（L. M. Terman）が実用化したのである。ご承知の通り、年齢相応の知的発達状態であれば一〇〇という平均値が与えられ、それ以上であれば一〇〇以上の数字が与えられる。

このＩＱについて研究していたスピアマン[5]（E. C. Spearman）が因子分析をした結果、知能が二つの因子からなることを発見した。それは特定の作業に必要となる特殊因子ＩＱｓとすべての作業に共通する一般因子ＩＱｇの二つで、それぞれSpecificとGeneralを表している。スピアマンは、特殊因子と一般因子が互いに関連しあい、それによって個々人の知能の差が生まれるとしたのである。近年では、このＩＱｇを測定するツールも開発されている。

### (3) 基礎力に似たもの　②コンピテンシー

職業能力というと多くの人はまずコンピテンシー（Competency）という言葉を思い浮かべ

るのではないだろうか。コンピテンシーとは仕事において高い成果をあげるための行動特性であり、日本でも一時期流行した考え方だ。

起源は、アメリカの外交官の業績が、同じ基準で採用しているにもかかわらず、あまりにも個人差が大きいことから、その格差を生み出している要因を探し出してほしいと連邦政府がハーバード大学教授のマクレランド[6]（D. C. McClelland）に要請したことにある。彼は、高業績者には共通した行動特性があることを発見し、後にそれを二一のコンピテンシーとしてまとめ上げた。

それは「情報指向性」「分析的思考」「疑念的思考」「人間関係構築力」「対人感受性」「組織感覚力」「対人影響力」「強制的影響力」「先見性」「達成指向性」「顧客指向性」「徹底性」「チームワーク力」「リーダーシップ」「人材育成力」「組織への献身」「柔軟性」「自制力」「自信」「自発性」「専門性」である。

一九九〇年代後半から、このコンピテンシー理論は企業人事にも好感を持って取り入れられるようになり、人事評価、異動、採用などで試験的に使われたが、測定することが難しく、あいまいで、運用にも手間がかかりすぎることから、現在では考え方のみが定着している状態である。

### (4)　基礎力に似たもの　③EQ

ゴールマン[7]（D. Goleman）著の『EQ—こころの知能指数』（講談社、一九九八年）が日本でもベストセラーになり続編も発売されているので、EQという言葉に聞き覚えのある人は多いであろう。EQの原点はガードナー[8]（H. Gardner）による知性の多重性という研究にある。彼はIQ至上主義に異議を唱え、知性には「言語的知性」「空間的知性」「身体運動的知性」「音楽的知性」「対人知性」「心内知性」などが存在すると発表したのである。対人知性とは、他人を理解する能力、心内知性とは、現実に則した正確な自己モデルを形成しそのモデルを利用して賢く生きる能力と定義されている。

このガードナーによる知性の多重性に関する研究は、教育の現場に大きな影響を与え、エリオットピアソン幼稚園の「プロジェクト・スペクトラム」やヌエバ学習センターの「セルフ・サイエンス」など、多くの情動教育を生み出している。

ガードナーの主張をEQという概念にまとめたのがサロヴェイ[9]（P. Salovey）とメイヤー（J. Mayer）である。EQはEmotional Quotientの略で、基本定義を以下の五つに分類している。

①自分自身の情動を知る

②感情を制御する
③自分を動機付ける
④他人の感情を認識する
⑤人間関係をうまく処理する

この定義は、基礎力の「対人」「対自己」能力に相当するものである。

### (5) 基礎力に似たもの ④人間力

日本発のコンセプトとしては人間力がある。これは政府が閣議決定した「経済財政運営と構造改革に関する基本方針2002」[10]の中で、経済活性化戦略の一つとして位置付けられたものであり、その後内閣府に人間力戦略研究会が設置され、詳細に定義された。私もその研究会のメンバーであり、人間力という言葉の定義に参加している。

人間力は「社会を構成し運営するとともに、自立した一人の人間として力強く生きていくための総合的な力」であり、三つの要素に分解される。

①「基礎学力」「専門的な知識・ノウハウ」を持ち、自らそれを積極的に高めていく力。また、

**図12　職務経験を通して実感する重要な能力**

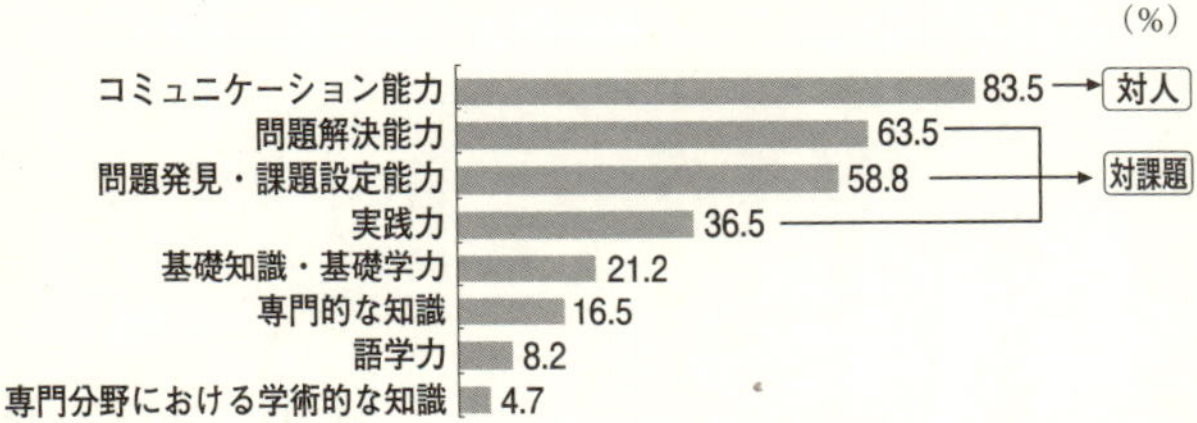


出所：(財) 産業研究所　産業界から見た大学の人材育成評価に関する調査　2004年

それらの上に応用力として構築される「論理的思考力」「創造力」などの知的能力的要素

②「コミュニケーションスキル」「リーダーシップ」「公共心」「規範意識」や「他者を尊重し切磋琢磨しながらお互いを高め合う力」などの社会・対人関係力的要素

③これらの要素を十分に発揮するための「意欲」「忍耐力」や「自分らしい生き方や成功を追求する力」などの自己制御的要素

それらの能力を「職業生活面」と「市民生活面」で発揮してゆくというのである。

基礎力の概念に比べて、市民生活面までを含んでいるという点で、人間力のほうがより大きな概念であると言えるだろう。しかし、三つの要素は、①が「処理力」「専門力」、②が「対人能力」、③が「対自己能力」や「態度」を示していることから、基礎力に極めて近いものであると言うことができるだろう。

### (6) 改めて基礎力の重要性を考えてみる

このように繰り返し、繰り返し仕事に必要な能力の言語化と測定への取り組みが行われてきた。必要な能力は時代とともに変わるが、この基礎力の定義は長く持ちこたえるものではないかと考えている。

ただし、対人能力は古くから指摘されてきた能力であり、対自己能力は以前から重要であったがそれを指摘されるようになったのは比較的新しいことである。また対課題能力は近年になってより求められるようになってきたものだといえよう。

図12は三〇歳前後のビジネスマンに、仕事をする上で必要だと実感した能力を答えてもらったものだが、基礎力に相当するものが上位を占めていることがわかるだろう。仕事に必要な能力には基礎力以外にも専門力、語学力やＩＴスキルなどがあるが、とりわけ基礎力が重要なものとして認識されているのである。

## 2 対人能力

基礎力について詳細に見ていこう。まずは対人能力である。コミュニケーション能力に近い概念だが、より広くリーダーシップ的な概念も含んだものである。若年での転就職では採否を分けるキーとなる能力である。

### (1) 親和力

親和力とは、他者との間に豊かな関係を築く力である。

「親しみやすい」「気配りができる」という段階を初歩として、「他者に興味を持つ」「共感する」「多様な価値観を尊重する」という段階に至り、「人脈形成」「相互の信頼構築」までを含む。

ここで言う段階とは、概ねどの年齢段階で身につけるべき能力かを示している。つまり「親しみやすさ」や「気配りができる」は小学校から高校までの間に身につけたい力であり、「他者に興味を持つ」「共感する」「多様な価値観を尊重する」は大学から新入社員の頃に身につけたい力であり、「人脈形成」「相互の信頼構築」は二〇代から三〇代にかけて完成させてゆくものであるということだ。

もちろんその時期に身につけることができていなくても、後からキャッチアップすることができるので今現在不十分でも心配はいらない。ただし四〇代以降になってしまうと、基礎力の中の欠点は直りにくくなる。その前に育てておきたい。

仕事において親和力が必要なことは改めて説明の必要もないほどだろう。その中からいくつかの重要なポイントを見てみたい。

親しみやすいということの基本は、まずきちんと相手からの投げかけにおいて「リアクション」を取ることである。簡単に言えば、YES、NOなどの返事をしたり、わかったときにはうなずいたりすることである。無反応というのは最も相手にコミュニケーション意欲を失わせる。

マタラゾ[11]（J. D. Matarazzo）による採用面接の実験がある。面接官が無反応に聞いていたときと、意図的に大きくうなずきながら聞いていたときとでは、応募者の発言量は五〇％増えたという。うなずくという行為は、単純な行為でありながら、相手の言葉を受け止めている、相手に興味を持っているということを示す雄弁なものである。このうなずく習慣を持っていない人は、一般に無表情でわかりにくい、冷たいという印象を与えるだろう。

このうなずきの重要性は一対一のコミュニケーションのときばかりではない。たとえば、授業を聞いているとき、講演を聞いているときに、うなずきながら聞いていると、スピーカーが自分を意識しながら話していることを実感できるだろう。それだけで一定の親和感を醸成できるのだ。

以前大学の授業でこの「リアクション」の重要性を話したところ、後に学生から「友達と話すときに意識的にうなずく動作を大きくするようにしたら、以前よりもいろいろな話を打ち明けてくれるようになりました」との報告をくれた。実践して即役立ち、それを継続していれば身につくのがこの「リアクション」なのである。

さらに「リアクション」を発展させて深みを加えたものに「愛嬌」がある。「愛嬌」が大事だとある女子大で話したところ、「そのような人に媚びる生き方はしたくありません」と言ってきた女性がいた。これは大きな勘違いで、愛嬌は人に媚びることではない。

愛嬌とは、人をひきつける柔和な表情や態度であり、高い地位につき、人の上に立つ達人ほどこの愛嬌が重要なのである。愛嬌がある人のまわりには人が集まる。たとえば立食パーティーなどの場でも、愛嬌がある人はいつも人に囲まれているものだ。反対にそうでない人は淡々と一人で食事をしていたりする。そのような場面は容易に想像できるだろう。

多様性を理解し尊重するという力は、とりわけ採用面接の場面で力を発揮する。自分と異なる人生経験を持ち、異なる価値観を形成している人とも、お互いの立場を尊重しながらコミュニケーションが取れるということは、仕事上必要不可欠なもので、この力がないと対人業務はほとんどできないといってもいいだろう。顧客の価値観を理解し、尊重できない人に顧客接点は任せられないし、チームで仕事をすることもできない。それは面接官との会話でもすぐにわかってしまうので、合否に大きく関係するわけだ。

多様性を理解し尊重する力は、多様な人々とコミュニケーションをした経験の積み重ねによってしか得ることができない。数人の友達とだけいつも一緒にいるという人は、あうんの呼吸でわかりあえる楽な人間関係の中に埋没していることになり、このような力は磨かれない。年齢の離れた人、全く違う環境で生活をしている人、国籍の異なる人など、背景・文脈の異なる人とのたくさんの接触が大事なのである。

人脈形成は「まめさ」がキーポイントになるだろう。人間関係は継続である。しかもゆるやかな継続である。毎日会う人との人間関係を人脈とは言わない。たまに会って話す、必要なときに連絡をとって会える、それが人脈である。たまに会う関係の人だから、フォローしていないと切れてしまう。せっかくきっかけがあって、自分にとって得るものが大きい人と知り合いになれても、それきりであればあっという間に忘れられてしまう。このフォローをするのが「まめさ」であり、季節の手紙を書いたり、たまにメールを送ってみたり、知人を紹介してみたりという行動習慣が身についているか否かで人脈形成の力も決まってしまう。

信頼構築については、自分自身が他者から信頼されるという側面と、他者を信頼することができるという側面とがある。

信頼してもらえるか否かは、どれだけ誠実な行動をとるかによるのだが、まずその前に第一印象で決まってしまうところがある。もしも、第一印象で「この人は信頼できる人だ」と思ってもらえると、その印象は継続しやすい。次からはこの第一印象に合わせた対人認知が始まるからである。

良い人だと思い込めば、その人の良いところばかりが目につき、さまざまなことを良い方向に解釈する。良い人だと判断した後に、その判断と矛盾する証拠や考えは不愉快なので、良い人だと思える証拠をさらに集め、またあらゆる情報を良いこととして解釈する傾向があるのである。

これを「認知的不協和理論」（Congnitive Dissonance Theory）という。アメリカの心理学者フェスティンガー（L. Festinger）が提唱した理論で、矛盾した二つの認知があると、不協和の一方を変えて協和の状態にしようとすることを示している。人は見かけで決まる部分が大きい、という人がいるが、この第一印象に基づく認知的不協和理論に照らして考えてみれば、あながち間違っていないことがわかるだろう。愛嬌やリアクション、身なり、マナーなどが信頼関係をつくる上でも重要なのである。

一方、人を信頼する力もそれ同様、いやそれ以上に大事である。これは「人を見る目があるか」ということである。人を見る目に自信があれば、自分がこの人は信頼できると判断したのだから間違いないと考え、信頼することができる。反対に人を見る目に自信がなければ、また騙されるかもしれないと警戒して、なかなか人を信頼することはできない。信頼関係というのは相互関係なので、あなたが信頼されるだけでなく、あなたも他者を信頼しなければ成り立たない。北海道大学の山岸俊男教授は著書『信頼の構造』（東京大学出版会、一九九八年）の中で、人を信頼する力の高い「高信頼者は低信頼者に比べ、他者の信頼性を示唆する情報に敏感で、他者の信頼性の欠如をより正確に予測できている」として、信頼することは一つの社会的知性であり、けっしてお人好しであることの結果ではないとしている。簡単に身につく力ではないが、信頼すべき人を信頼する力を持てば、その利益は自分に返ってくるのである。人を観察する習慣を持つことがこの力を身につけるスタートになるだろう。

実はこのような親和力があるだけでも、かなり仕事ができるようになるものだ。もちろん、他の力も重要なのだが、自分と同じ実力のはずなのに、自分よりもずっと評価されている人がいたら、それは親和力においてその人が勝っているからだろう。親和力のある人は「得」をする。親和力のない人は「損」をする。それが仕事社会の真実である。

### ⑵　協働力

協働力とは、目標に向けて他者と協力しながら仕事を進める力である。「自分や他者の役割を理解する」ことにはじまり、「情報を共有する」「お互いの足りないところを補い合う」という段階に至り「相談にのる」「やる気にさせる」という段階に発展する。「役割理解」ということは実はたいへん奥が深いもので、究極的には、組織全体の利益と自分自身や他者の得手・不得手を理解して、自らがなすべきことをなす力である。これは協働力と後で説明する「対課題能力」の計画立案力とを足し合わせた境地である。しかし、ここで言う役割理解とはもう少し基礎的な段階のもので、たとえば作業を見ながら、他者から指示されなくても自分からやるべきことがわかる、ということを意味している。小中学校で行うグループワークの場面などをイメージすればわかるだろう。この段階の協働力は、親和力の中で触れた「気配りができる」「他者に興味を持つ」という力と密接不可分である。役割理解のしっかりしている子は、よく他者のことを見ている。そして他者との関係の中で自分のやるべきことをみつけるのである。

他者との情報共有は、仕事場面の言葉に置き換えると「報連相」になる。第Ⅱ部でも触れた通り、私はその順序から報連相ではなく、相連報という言い方をしている。まず「事前の相談」

があり「途中経過の連絡」があり「最終成果の報告」があるという手順だ。この相連報の行動が身についているビジネスマンは、上司との協働ができる人だろう。アメリカではＭＢＡの講座の中に「ボスマネジメント」という授業があって、いかに上司と上手く仕事を進めていくかということを教えている。日本では上司との関係が上手くいっていないと悩むビジネスマンは多いが、このボスマネジメントはあまり浸透していない。しかし、上司との情報共有である相連報ができれば、多くのケースはうまくいくと言えるのだ。

また、相連報以外でも、上司の手がまわらないところを補う部下、上司が不得手な領域を担える部下というのは、上司との円滑な協働関係を築いてゆけるものだ。上司は最も重要な仕事上の対人関係と言ってもいいと思うが、依存・服従してしまうか、もしくは反発して距離を置くか、どちらかの行動になってしまっている人を見ることが多く、たいへんもったいないと思う。

図13は上司との関係について国際比較調査を行ったものだ。アメリカでは上司を信頼していると同時に対話も十分に行っている様子が見える。それに対して日本は上司を認めてもいないし、また対話も行っていない。上司を身内だと思うから上手くいかないのではないかと思う。上司を顧客だと思って、いかに自分を信頼させるか、いかに自分の提案に共感してもらえるか、

**図13　上司との希薄な関係**

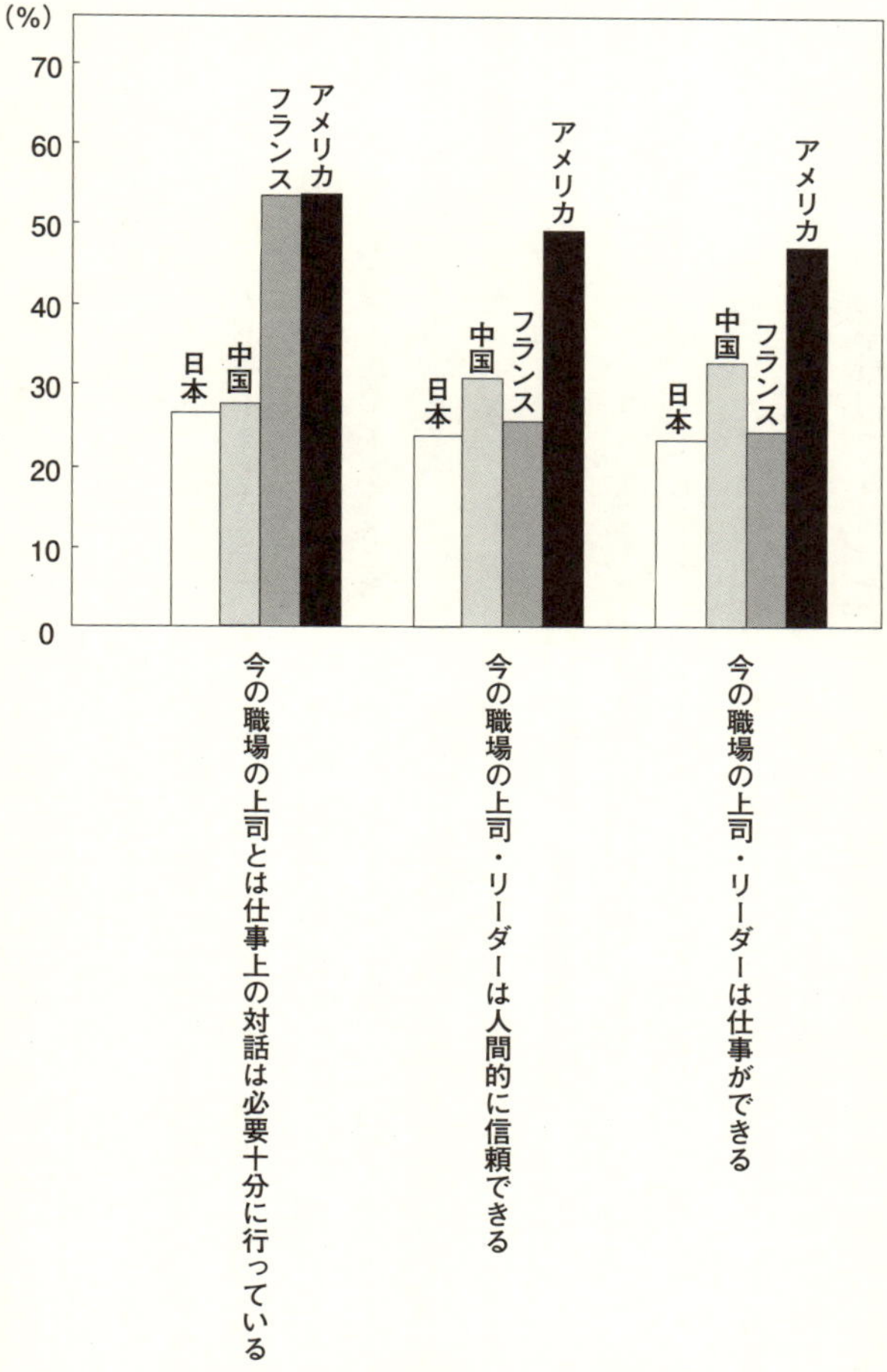


出所：リクルートワークス研究所　就業意識に関する国際比較調査　2005年

適正な評価を得るためにいかにプレゼンテーションするか、というように考えて行動するほうがよいだろう。

上司との関係を円滑にすれば、大きな仕事を仕上げることもできるかもしれないし、キャリアデザインもやりやすくなるに違いない。上司の力を自分の力だと考えて取り込むことである。

相談に乗ったり、アドバイスをしたりするときに重要になるのが「傾聴」という技術である。その言葉の通り耳を傾けることで、しっかり相手の言葉をその背景とともに受け止めてあげる力である。カウンセラーに最も必要とされる力で、あくまでも聴くことであり、相手に結論を出させるための技術とも言える。

つい、相手の言葉をさえぎって結論だけを聞きたがったり、「それで?」と結論を急がせたりしていないだろうか。多くの相談は、聴いてもらうことで解決するといわれている。相談者は、あなたに聴いてもらって、できれば共感してもらいたいのであり、別に解決策を考えてもらいたいというわけではないにもかかわらず、相手の言葉をさえぎって「じゃあ、こうしたらいいじゃない」と結論めいたことを言ってしまう。これは典型的な「聴き下手」である。

かえって仕事ができる人に聴き下手が多いように思う。いつも時間に追われているため、コミュニケーションも効率重視で片付けてしまうのだ。飛びぬけた能力を持っていれば少々聴き下手でも仕事はできるが、そうでなければ聴き下手には情報が集まってこなくなるため、仕事に支障を来たすようになるし、また慕ってくる人も少なくなってしまうだろう。

脳の構造から、女性よりも男性のほうが傾聴は苦手だとも言われる。アラン・ピーズとバーバラ・ピーズの著書『話を聞かない男、地図を読めない女』（主婦の友社、二〇〇二年）がベストセラーになったので、興味を持って読んだ人も多いだろう。たしかに男性管理職で聴き上手な人はとても少ない。

やる気にさせるということについては、代表的なものとして「励ます」「誉める」という行動があげられる。特に「誉める」ことが上手い人は人を使うのが上手い人だと思う。他の人に仕事を頼む（委任する）とき、できあがった仕事をきちんと誉めることができる人とそうでない人とでは大きな差が出てくる。仕事だからできて当たり前、やって当たり前という態度でいれば、いくら部下であっても、喜んで自分が振った仕事をやってはくれないだろう。

人に仕事を頼む力は「やる気にさせる」力と親和力の中の「他者を信頼する」力を足し合わせたものである。人に仕事を頼むことが下手な人は、誉め下手であると同時に、相手を信頼することが下手な人が多い。「説明するのも面倒臭いし、思うように仕上がってくる保証もない。しかも、頼むとイヤな顔をされるかもしれない。やっぱり自分でやったほうが早いな」――これがいつものパターンになっていないだろうか。一人でできることは限られている。自分で抱えきれない量の仕事を背負って一度振っ切れないと、委任する力は高まらないかもしれない。

### (3) 統率力

統率力とは、場をよみ、組織を動かす力である。

「場の中で他者の意見に耳を傾けつつ、自分の意見を主張する」力にはじまり、「他者の意見の上に自分の意見を積み上げていく」力や「建設的に議論する」力に至り、「異なる意見を調整する」「合意を形成する」「他者を説得する」「優位な結論を導き出せるように交渉する」力へと展開していく。

「自分の意見を主張する」ということと「他者の意見に耳を傾ける」ということを一つの場で同時にできることが統率力のキーテーマである。一方的に他者の言うことを聞く側にまわってしまうか、一方的に自分の言いたいことだけを言って終わるか、そのどちらかになってしまう人が多いのではないだろうか。しかし、一方しかできない人には人を束ね、引っ張っていくことはできないのである。その融和した状態を求めているのが「他者の意見の上に自分の意見を積み上げていく」という段階である。

学問的な研究活動もすべてこの原則にのっとって行われる。新しく書く論文は、常に過去の先行研究の上に積み重ねられる。ここでは先人たちの研究成果に耳を傾けつつ、それに反証するか、さらに新たな成果を積み重ねるかをするのが、論文というわけである。先行研究が存在しないかのような個人の意見だけを主張しているものは論文として認められないし、また、過去の研究を束ねただけのものも論文とは認められない。

議論も同様である。すでに発言された内容に、賛成か反対か、あるいはどこに賛成でどこに反対かを示しつつ、自分の主張を積み重ねるようにするのが良い陳述である。それができてこそ、議論は建設的になる。

また、ばらついてしまった議論を整理して、合意できることと意見が異なることとを仕分けしていくのが場のリーダーの役割になる。単に相手を論破して終わる議論のための議論をすることは、仕事の場面ではまずない。意見の相違を調整しつつ、時には説得し、時には妥協し、合意形成をすることが仕事上の議論である。そのような目指すべき結論へと組織や場を引っ張っていく力が統率力なのである。統率力というと、ぐいぐい引っ張る強いリーダーシップがイメージされるかもしれないが、それだけではまとまらない。丁寧に意見を調整して、押すべきときには押し、引くべきときには引くことである。そのような場の動かし方ができれば、リーダーとしての素養も十分であると言えるだろう。

また合意形成を促すには、「場をよむ」という力が欠かせない。場の議論の流れ、空気をよんで、どこに落としどころがあるか探るのである。

この「場をよむ」力は、プレゼンテーションとも大いに相関がある。プレゼンテーションが上手い人は、難しいことでもわかりやすく説明ができて、かつ「場をよむ」ことが上手い人だと私は考えている。聞いている相手の反応や顔つき、必ずしも直接的ではない質問から、そのプレゼンテーションでどの程度の結論が勝ち取れるかをよみ、必要ならば妥協し、場合によっては押すのである。反対に「場をよむ」力のない人は、プレゼンテーションの場で、聞き手が飽き飽きしていようと、首をかしげていようと、お構いなしに用意してきた原稿を読破することに専念している。この「場をよむ」という行動ができるようになるのは、親和力の項で説明した、「多様な価値観を尊重する」という力量が根底になければならない。

さらに「交渉」となると、別の力量も必要だ。交渉に必要なのは、よく交渉術に出てくるような「脅し」「侮辱」「はったり」などの策略ではなく、相手の希望と自分の希望を組み合わせてＷｉｎ‐Ｗｉｎの結論を導き出し、そこへ収束させる力である。明確には言ってくれない、相手の希望や譲れること、譲れないことをおもんぱかるために、丁寧に相手の声に耳を傾け、自分自身の主張もはっきりと行い、わずかな時間の中で相互の信頼関係を築き、そして相手の意見に自分の意見を重ねることで共有認識を導き出し、最後には押すべきところで押して合意に至らしめるのである。

交渉に必要なスキルは広く対人関係で必要なスキルであり、Ｗｉｎ－Ｗｉｎの結論を導き出せるネゴシエーターは対人能力がバランスよく身についている人だと考えていいだろう。

### (4) 対人能力を高めるということ

対人能力は、仕事に必要な基礎力の中でも、とりわけ中核となる部分であり、古くからその重要性が指摘されてきた領域である。それにもかかわらず、コミュニケーションとかリーダーシップといった言葉であいまいに語られることが多く、実際に身につけようとするといったい何を身につければよいかわからないというのが常であった。また「愛嬌」に代表されるように、重要であるにもかかわらず軽視されてきたきらいもある。

対人能力の全体像は図14に整理したような力の総和であり、それを身につけるための戦略は、それぞれの能力を年齢段階の適切な時期に、場数を踏み、失敗や成功の経験をたくさん積むことに他ならないのである。

## 図14　対人能力

| | | |
|---|---|---|
| 親和力 | 他者との豊かな関係を築く | |
| | 親しみやすい<br>気配り | ・話しかけやすい<br>・相手の立場に立って思いやる |
| | 対人興味<br>共感・受容<br>多様性理解 | ・他者に興味を持つ<br>・他者の話に共感し、受け入れる<br>・多様な価値観を尊重する |
| | 人脈形成<br>信頼構築 | ・有効な人間関係を築き、統括する<br>・他者を信頼する､他者から信頼される |
| 協働力 | 目標に向けて協力的に仕事を進める | |
| | 役割理解<br>連携行動 | ・自己や他者の役割を理解する<br>・互いに連絡をとり協力して物事を進める |
| | 情報共有<br>相互支援 | ・他者と情報を共有（報告・連絡・相談）する<br>・他者の状況を理解し、足りないところを補完し合う |
| | 相談、指導<br>他者の動機付け | ・他者の相談にのり､アドバイスをする<br>・他者に働きかけ、やる気にさせる |
| 統率力 | 場をよみ、組織を動かす | |
| | 意見に耳を傾ける<br>意見を主張する | ・場の中で他者の意見に耳を傾ける<br>・場の中で自己の意見を主張する |
| | 建設的・創造的な討議 | ・他者の意見をふまえた、建設的な討議や新たな視点を加えた討議をする |
| | 意見の調整、交渉、説得 | ・異なる意見を調整し､合意を形成する<br>・他者に対する交渉、説得をする |

出所：リクルートワークス研究所

現在労働問題として大きく取り上げられているニートも、人づきあいなどに自信がないために、それ以外の知識や技術、学力などには問題がないと思っているのに、求職するに至らないのである。まさしく対人能力に原因があると思われる。過去のどこかで人間関係に失敗し、それがその後の人間関係を臆病にしたため、共に笑ったり、泣いたり、怒ったり、喜んだりという経験が不足しているのだろう。

対人能力は外から見てもわかりやすい。もしもこの図14にある対人能力について、自分の力量が自覚できていないとしても、あなたの友人や同僚はよくわかっているはずである。多くの企業が導入している三六〇度評価[13]の結果を見てみるのもよいだろうし、遠慮しないタイプの同僚に飲みながらでも率直に指摘してもらうのもよいだろう。上手くできていない部分があれば、改善するのは早いほうがよい。対人能力に欠けている部分があれば、それは仕事の力として必ず影響が出ているはずだからである。

## 3　対自己能力

対自己能力は自分自身の感情を制御し、自分を動機付け、良い行動を習慣付ける能力である。

このようなものを「能力」の一部として考えるようになったのは比較的最近のことである。EQ（Emotional Quotient）の定義には「自分自身の情動を知る」「感情を制御する」「自分を動機付ける」という対自己能力的要素が入っていたが、このようなEQのメッセージはたいへん新しいものだったのである。

旧来はしばしば態度・意欲・姿勢・価値観・スタンスなどの言葉であいまいに語られてきた。もちろん本書で定義するところの態度（動機・価値観）とも密接に関係しているが、態度は個人によってその性質に差がある多様なもので、どのような価値観や動機を持っているかということによって良し・悪しがあるわけではない。それに対して対自己能力は能力であるから、基本的に高い低いという概念があり、高いほうが望ましい。そして、開発可能であるという違いがある。一般に対自己能力が高い人は仕事において安定して力を発揮し、また確実に仕事に必要な知識や技術を身につけてゆく傾向がある。

### (1) 感情制御力

感情制御力とは、気持ちの揺れを制御する力である。

「セルフアウェアネス」という自分の感情や気持ちの揺れを理解し、言葉で表現するという段階にはじまり、「ストレスコーピング」という自分に合ったストレスの処理法を身につける段階になり、「ストレスマネジメント」という緊張感やプレッシャーをむしろ力に変えてしまうという段階に発展する。

感情を理解して言葉で表現するのは、自分の感情を制御するということである。キレたりしないということだ。自分の感情を制御しないままに表したり、制御不能になってしまったりということは、仕事をする上ではあまりいいことではない。喜びを素直に表現する人は友達としては好ましいかもしれないが、仕事上ではマイナスになることが多い。ましてや怒りをそのまま制御せずに表現する人は仕事上では明らかに失格である。取引業者のささいなミスに怒りをぶちまける担当者や、部下の行動に烈火の如く怒りをぶちまける上司は、もうその時点でビジネスマンとして未熟であることを自ら証明しているようなものだ。

福沢諭吉[14]は、自伝である『福翁自伝』に「だれがなんといってほめてくれても、ただうわべにほどよく受けて、心の中には決して喜ばぬ。またなんと軽蔑されてもけっして怒らない。どんなことがあっても怒ったことはない」と書き記している。「喜怒色に顕わさず」という言葉を漢書の中にみつけてからそのスタンスを常に心がけていたという。

はしゃいだり、怒ったりということは心の中だけで行えばよい。外に出すのは冷静な自分でなくてはならないということなのだろう。感情的に振舞うと多くの場合、損をする。喜んでいることを見せても足元を見られるだけだ。

それ以前に、あまり喜怒哀楽が激しいと安定して仕事ができない。

感情制御力を高めるためには、自分自身の感情や周囲との現在の状況を客観的に見る習慣をつけることである。効果的なのは、ちょっと目をつぶり瞑想することだ。短時間でもよい。一旦外から入ってくる情報を遮断して自分の心と向き合ってみるのである。

ストレスとは、物理学から生まれた言葉で「外から力を加えられたときの物体のゆがみ」という意味である。ストレスにはいいストレス（＝ユーストレス）と、悪いストレス（＝ディストレス）とがあり、前者はポジティブな原動力になるが、後者は精神を不安定にする。ディストレスは発散しなければならない。①あきらめる、②忘れる、③他人のせいにする、④気分転換する、などが代表的な方法だろう。仕事をしていてストレスを感じない人はいない。ごくまれに「全くストレスを感じない」という人に出会うが、そういう人はまわりに多大なストレスを与えている人である。ストレスの処理方法は自分に合ったスタイルをみつけることが重要で、カラオケで大声で歌う人もいるだろうし、おいしいものを食べて酒を飲んで忘れる人もいるだろうし、スポーツで汗をかいて発散する人もいるだろう。どの方法でもよい。溜まったなと思ったら、自分に合った方法で解消してくことだ。

悪いストレスを溜めたままにしておくと、体や心に変調を来すことになる。若年世代で入社してしばらくの間にストレスを過剰に溜め込み、つぶれてしまう例が後を絶たない。繊細さが裏目に出て、弱さになっているのかもしれないが、端的にはストレスの発散ができていなかったということだろう。ストレスが慢性化すると、仕事を継続することに支障が出てくる。そして仕事を中断し、仕事から得られる満足度がなくなると、これがストレスを生み出す。

このような悪循環に陥らないためには、ストレスコーピングの力（ストレス処理力）を高めるしかない。

経済同友会の経営者に対する調査で、若者世代の弱みについてアンケートを取ったところ、第一位に「忍耐力」がきた（図15）。これは若者世代がストレスコーピングがうまくできていないために持続性が低くなっているということを示しているのだと思う。

一方、良いストレスを力に変える力もぜひ身につけたい。緊張感は時に集中力を高め、普段の自分以上の力を発揮することができる人がいる。俗に「本番に強い」と言われる人だ。スポーツの国際試合を見ていると、普段の力をさっぱり発揮できない人と、普段以上の力を発揮して自己新を更新する人にはっきりと分かれる。これはプレッシャーにつぶれるか、それともプ

### 図15　若者世代の弱み

（%）

| | | |
|---|---|---|
| 1 | 忍耐力 | 73.8 |
| 2 | 問題解決能力 | 54.6 |
| 3 | 市民としての自覚 | 52.8 |
| 4 | 課題発見能力 | 46.2 |
| 5 | チャレンジ精神 | 45.9 |
| 6 | 責任感 | 45.7 |
| 7 | 論理的思考力 | 45.1 |
| 8 | 教養 | 36.8 |
| 9 | 創造性 | 36.2 |
| 10 | コミュニケーション力 | 28.4 |

出所：経済同友会教育委員会　2003年

レッシャーを力に変換できるかの違いだろう。

人間は集中力が極限まで高まると「フロー（flow）」という状態を経験する。一つのことに没頭し、瞑想状態になることで、何か自分自身がもっと大きな力で突き動かされているかのような感覚になるのである。スポーツはもちろん、創作活動でも、神様が降りてきたのではないかと思うほど次々に素晴らしいアイデアが湧き出ることがあるが、それも「フロー」である。ストレスマネジメントの力を高めていくと、「フロー」状態に出会うことができるかもしれない。フローという概念を生み出した心理学者チクセントミハイ[15]（M. Csikszentmihalyi）によれば、そのような状態は、自分の能力を伸ばす挑戦の機会に恵まれたときに起こりやすいという。一度経験するとその感触は忘れられないものになる。そして、できるだけ多くのフローを体験できるように行動することができれば、能力は必然的に向上することになるだろう。

また、良いストレスによらなくても、集中力を高める方法はある。スポーツの世界で良く使われるのが「残像法」である。残像法は一つの図形をじっと見つめた後に目を閉じて、その残像を思い浮かべる方法で、繰り返すうちに残像が残る時間が長くなり、ついには残像を思い浮かべるだけで集中力が高まるというものである。その他メンタルトレーニングによって集中力を高める方法も頻繁に使用される。

## (2) 自信創出力

自信創出力とは、前向きな考え方ややる気を維持する力である。

他者と自己との違いを認め、自己の強みを認識する「独自性理解」にはじまり、やればできるという予測や確信を持つ「自己効力感」や「楽観性」になり、常に何かを学ぼうとする視点でものを見る「学習視点」へ、経験の機会をうまく捉えて自己変革を行う段階へと至る。

独自性理解とは「自分を知ること」と言い換えてもいいだろう。幼いときには、自分というものを客観的・総合的に捉えきれないため、自分の長所や短所をよくわからないという人が多い。その中で自分の長所に気づくことができれば、それを積極的に受け止め、さらに伸ばしていこうという原動力となる。つまり自己肯定感の高揚である。

自己効力（self-efficacy）という言葉は、バンデューラ[16]（A. Bandura）が提唱した概念である。人がある行動をとるとき、二つの予測が働くという。

①自分のとる行動によってある結果が生じるという予測（＝結果予測）

②上手く行えるかどうかという自分の遂行行動に対する予測（＝効力予測）

この効力予測が「自己効力」である。まずは、自分がある行動をするとどんなことが起こるか予測することができて、その結果自分がさらにある行動をとれば上手くいくとイメージできるということである。言い換えれば、「自分に対する有能感・信頼感」と言えるだろう。事にあたって、自分なら上手くできると自信が持てるという認識が自己効力感なのである。

当然ながら自分の強みを認識していれば、自己効力感も高まるだろう。もちろん自己の強みの認識以外に、他者の観察や過去の経験からどのように事態が推移していくかという見通しをたてる力や成功をイメージする力が加わらなければならないが。

リクルートが開発した適性検査にＲ－ＣＡＰというテストがあるが、この中に環境相関指標（Locus of Control）がある。これは自分のまわりで起こる出来事を自分でコントロールできると思っている度合いが高いか低いかを測定するもので、過去に自分の努力によって物事を成し得てきたという経験を数多く持っていると度合いが高くなる傾向がある。これも自己効力感に通じるものだろう。

自信にはもう一つ、根拠のない自信もある。それは性格的な楽観さであり、必要な能力として開発された楽観性によるものである。「何とかなる」という考え方は、能天気さと同時に、自己効力感を高めることにもつながっている。私は適度な楽観性は仕事をする上で必要なものだと思っている。たとえば起業家は傾向として楽観性が高い人が多いという。少しぐらい見通しが立たないほうが楽しいと思える。そして将来は自分の力次第で何とかできると考える。そのような楽観性があるからこそ、新しい事業に自分の人生をかけてみようと思えるのである。そうでなければリスクを背負わなければならない仕事はできないのだろう。

根拠のない自信は、勝ち負けを決める競争経験の希薄さからくることもある。ゆとり教育世代にはこの経験不足からくる「根拠のない自信」を持っている人が多いように思う。この自信は、失敗を経験したときに粉々に崩れ、簡単には立ち直れなくなってしまうので、さきほどの忍耐力欠如に至ってしまう危険性があるだろう。楽観性に基づく自信であることが重要なのだ。

学習視点というのは、同じ環境の中にいても、そこから何かを学び取ろうというスタンスを持つということであり、学習視点を持った人は、そうでない人と比べて吸収するものが大きく異なる。

たとえば、コンビニエンス・ストアでアルバイトをしているとしよう。ある人は「商品をダンボールから出して棚に並べる力仕事」と認識しているかもしれない。しかし別の人は「新商品の陳列を変えることでどのように売り上げが変化するのかをマーケティングの最前線で学習している」と思うかもしれない。同じ作業をしていても、この二人で吸収するものに格差が生まれることは容易に想像できるだろう。

学習視点を持つということは、物事を前向きに捉えて、機会を活かして自己の変革につなげる究極の状態で、学習視点を維持している人はそれによってこれからの成長を約束されていると言ってもいいだろう。それほど身につけておきたい力なのである。

### (3) 行動持続力

行動持続力とは、主体的に動き、良い行動を習慣付ける力である。

まずは自己の意思や判断に基づいて自ら進んで行動することからはじまる。そして一度決めたことは必ずやりきるという「完遂」を経て、自分なりの方法を見出しながら「良い行動を習慣化する」という段階に至る。良い生活のリズムをつくることや学習習慣を身につけることなどはこの行動持続力に入る。

主体的ということは、仕事を与えられたからやる、指示されたからやるということではなくて、自分自身がそれと決めたから、もしくは必要と判断したからやるという感覚である。

やらされ感でやるのではなく、自分の意思でやるということだ。同じ仕事をするにしてもどちらの意識でやるかによって大きく異なる。主体的ではない仕事では、全力を尽くせないし、また責任も持てない。仕事に向き合う覚悟が違う。意識の問題だけでなく、手順の問題もある。上司から指示されてやるか、その前に自分で考えてやるかということだ。時間的にはわずかな違いかもしれないが、少しでも先手をとって取り掛かるのと、そうでないのとでは雲泥の差になる。企業社会はこのわずかな差を重大な差と考える傾向がある。少しの差は人生観を変えるほどの差になるのだ。

そして、一度決めたことはやりきるということの意味が大きい。たとえば、英会話の勉強をして英会話ができるようになろうとするケースをイメージしてみてほしい。英会話をマスターするのはけっして簡単なことではない。そのためには一〇〇〇時間とか二〇〇〇時間という学習時間が必要かもしれない。何度となく英会話をマスターすると誓い、達成せずにいる人も多いに違いない。重要なのは最後までやりきることである。学習には累乗の効果というものがあって、はじめはなかなか成果が実感できないが、ある段階から急速に成長実感が得られるようになるものだ。その境界線まで継続できれば最後まで行けるのだが、そこまでがきついのである。

もしも、最後まで完遂すると二つの成果が得られる。一つは先に説明した自己効力感である。最後までやりきって、予定通りの成果をあげると、次回からは、「こうすればできる」「きっと自分にはできる」という成功イメージが湧きやすくなる。もう一つは方法記憶[17]である。英会話を習得したという実力以外に、外国語を習得する「ノウハウ」が得られるのだ。そのため、次にフランス語などの第二外国語をマスターしようと思えば、おそらく第一外国語の半分の時間でできるだろう。この効果があるため、何カ国語もできる人が生まれるのである。

努力が報われたという実感は何にも代えがたいものだ。「勉強してよかった」——完遂なくしてこの感覚は得られない。

そしてその延長線上に継続学習習慣がある。図16を見てほしい。大学生に対して勉強しないと批判している大人のなんと八三%が学習する習慣を持っていないのである。これは学生時代に学習習慣を身につけ損ねた結果だと思う。

**図16　社会人の学習習慣**

（%）

| 1日の勉強時間 | ほとんど学習していない | 30分位 | 1時間位 | 2時間位 | 3時間位 |
|---|---|---|---|---|---|
| 社会人（就業者） | 83.0 | 11.0 | 2.5 | 1.4 | 0.8 |
| 大学生 | 47.5 | 12.2 | 19.3 | 12.6 | 4.6 |
| 高校生 | 39.7 | 13.1 | 23.8 | 11.5 | 7.4 |

出所：高校生・大学生⇨内閣府　第2回青少年の生活と意識に関する基本調査2000年、社会人⇨リクルートワークス研究所　ワーキングパーソン調査2004年

学習習慣を身につける方法は、完遂することに加えて、実際に使うということである。覚えたことはすぐ使うことが大事なのだ。人間の脳はエビングハウス[18]（H. Ebbinghaus）の研究によれば四八時間で四分の三忘れるようにできている。覚えても覚えてもそのままにしておけば消えてなくなる。それでは勉強しても報われない。

私は覚えたことはすぐ実践で使ったり、他者に自慢したりすることにしている。すると目や耳から入ってきた情報が自分の言葉で再生されることになるので、記憶に残るし、人に話して感心されたり、実践で使って役に立てば、勉強したことの効力感が生まれる。それが次の学習に向かわせるのである。学生時代の勉強はテストというほんの一度の発揮機会のみで、後は役に立たないようになっているため、学習嫌いになってしまうのではないだろうか。学んだら使う。これが継続学習習慣を身につける最大のポイントだと

思う。

また一時期に集中的に本を読むことも学習習慣を身につける上で有効だろう。私も一時期年間ハードカバー一五〇冊という目標を立てて意地になってやっていた時期がある。しかし、振り返ってみればその効果は絶大であった。はじめは読んでも読んでも消えていく感じだったが、累乗の効果か、あるときからいろいろなものがつながって見えるようになった。するとどんな本を読んでも、自分の頭の中でストックする場所ができたようになって、活かせるようになったのだ。それ以降、圧倒的に読書の生産性が上がった。そのようなつらくても頑張る時期が必要なのである。

### (4) 対自己能力を高めるということ

対自己能力とは自分をコントロールする能力のことである。そしてその能力はEQのブームとともに着目されるようになり、メンタルヘルスの問題が企業人事の関心事となってさらに重みを増すことになった。

対自己能力は、今後ますます重要なものとしての認識が高まるのではないだろうか。いくら能力が高くても対自己能力が低ければ成果にはつながらない。そのことを認識しておいたほう

**図17　対自己能力**

| | | |
|---|---|---|
| 感情制御力 | 気持ちの揺れを制御する | |
| | セルフアウェアネス | 自分の感情や気持ちを理解し、言葉にして表現する |
| | ストレスコーピング | 自己に合ったストレス処理の方法を知っている |
| | ストレスマネジメント | 緊張感やプレッシャーを力に変える |
| 自信創出力 | 前向きな考え方ややる気を維持する | |
| | 独自性理解 | 他者と自己の違いを認め、自己の強みを認識する |
| | 自己効力感<br>楽観性 | やればできるという予測や確信を持つ |
| | 学習視点<br>機会による自己変革 | ・常に何かを学ぼうとする視点を持つ<br>・経験の機会をうまく捉え、自己の変革に活かす |
| 行動持続力 | 主体的に動き、良い行動を習慣付ける | |
| | 主体的行動 | 自己の意思や判断において自ら進んで行動する |
| | 完遂 | 一度決めたことはやりきる |
| | 良い行動の習慣化 | 自分なりのやり方を見出し、習慣化する |

出所：リクルートワークス研究所

がいいだろう。

対自己能力を高める上で基盤となるのは、「安定した生活のリズム」であると思う。同じ時間に起き、同じ時間に寝る。きちんとバランスのとれた食事を摂る。適度に体を動かす。太陽を浴びる。そんな当たり前の生活が大事なのだ。もしも、ストレスがうまく処理できてないなとか、最近自分に自信が持てないなと思ったら、まず生活を立て直すことを考えてみてはどうだろう。安定した生活のリズムは、改めて対自己能力を高める意欲を思い出させてくれるはずである。

## 4　対課題能力

対課題能力とは端的に言って、問題解決能力である。昨今その重要性が企業内で再評価され始めている。その背景にはマーケットが飽和状態に達してものが売れなくなり顧客に対する問題解決能力が商品の売り上げを決める要素になったこと。そして従来のルールに従うだけでなく常に変革をし続けることが求められるようになってきたことがあるのだろう。

先に示した図12（一〇七ページ）をもう一度見てもらいたい。コミュニケーション能力（対人）の次に、「問題解決能力」「問題発見・課題設定能力」「実践力」といった対課題能力の範疇に入るものが第二位～第四位に並んでいることがわかるだろう。

**(1)　課題発見力**

課題発見力とは、課題の所在を明らかにし、必要な情報分析を行う力である。今日、経営者が社員に最も求めている能力である。

必要な情報を適切な方法で収集する「情報収集」、客観的な事実に基づき本質を見極める「本質理解」、さまざまな角度から課題を分析し原因を明らかにする「原因追究」からなる力である。

情報収集には、書籍やWEBなどによる情報検索、統計データの読み込み、現場での状況視察・観察、ヒアリングなどがある。特に現代では、情報収集にはWEB検索が極めて効率のいい、有効な方法になってきている。

そのため若い世代が比較的自信を持っている能力と言えるだろう。図18は各世代比較データだが、若い世代ほど「日常的に情報収集をしなくても、いざというときに詳しい人に聞くなり、調べるなりすればいい」と考えている姿が見える。そのために普段から情報をファイルしたり、メモしたりという行動を取るのではなく、情報源（人も含めて）をブックマークする感覚で押

**図18　世代により異なる情報収集態度**

**Q.情報収集しなくても必要なときに詳しい人に聞けば済む**

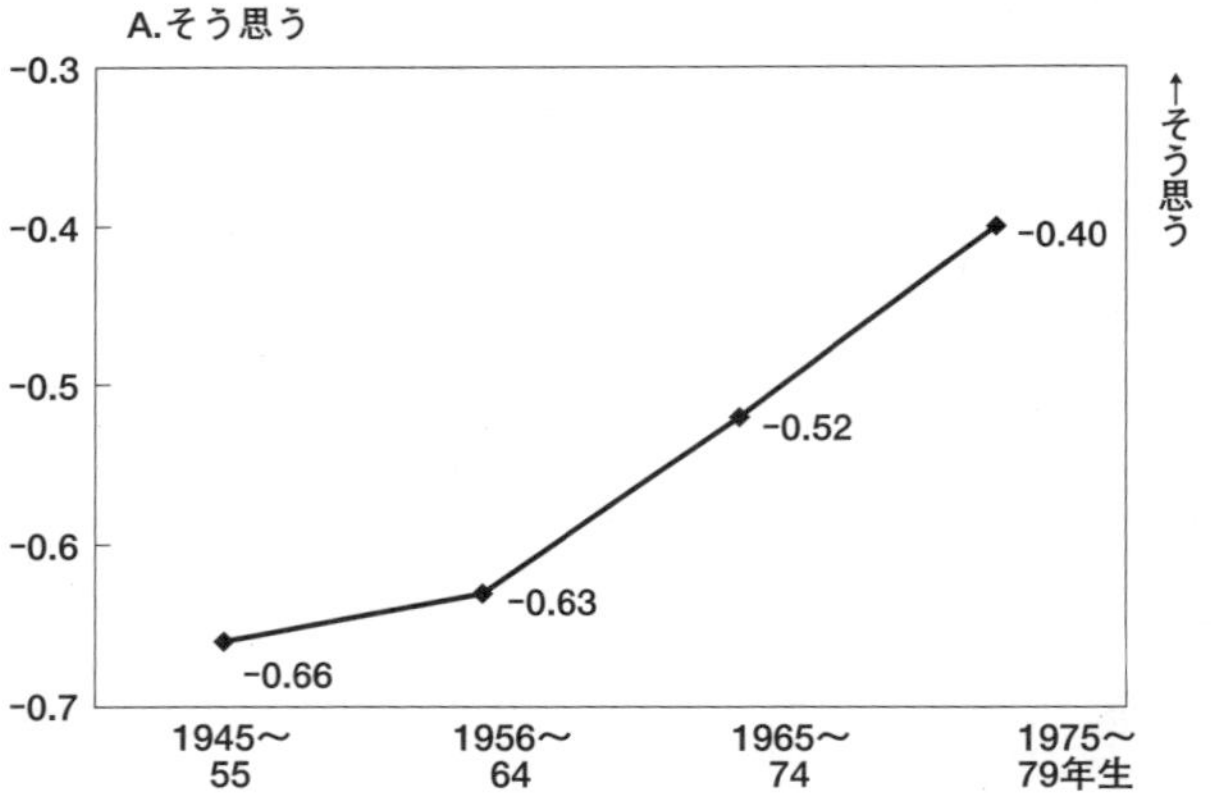


4段階に「とてもそう思う＝＋2」「まあそう思う＝＋1」「あまりそう思わない＝－1」「まったくそう思わない＝－2」の回答結果を1つのスコアにまとめた。

出所：リクルートワークス研究所　世代間の就業観調査　2003年

さえておいて、本当に必要になったときに取りにいくのである。これは情報飽和の現代の「情報収集」をよく表していると言えるだろう。「最近の若いやつらは先輩が教えてもメモもとらない」と嘆いている人もいるかもしれない。しかし、それは情報飽和、情報過多の時代を生きてきた世代の必然である。本当に必要なら「ノートをとるように」と指示すればよいわけで、若い人をただ批判してみても仕方ない。

　ただし情報を鵜呑みにしてしまうのでは、いくら情報収集力があるといってもその能力は確かなものとは言えない。情報に接する態度として重要なのは批判的に見ることである。本当にそうだろうか？　この情報は果たして全体を表しているか？　とチェックしながら情報と接することで信頼に足るか否かを見極めることが不可欠である。たとえば、統計数字は時に正しくない結論を導き出すマジックとしても使われることがある。そのケースでは批判的姿勢とともに統計知識も必要になる。

また情報を俯瞰的に見るという力も欠かせない。よく「鳥の目」「虫の目」という言葉を使うが、高い視点から全体を見渡すような見方をすることを「鳥の目」、丹念に自分の目線で事象を見ることを「虫の目」という。情報にあたるときは、鳥の目で俯瞰的に見ることを忘れてはいけない。二つの目を使い分けて見ることが情報収集力を担保するのである。

本質理解に必要なのは、ものの見方・考え方である。論理的思考力にも近い能力だが、より分析フレームという概念に近い。たとえば、経済学者であれば、経済学のフレームで、主に市場機能を頭に描きながらものを見るであろう。そのようなものの見方・考え方が、それぞれの学問にあり、経済学を学んだ人、社会学を学んだ人、経営学を学んだ人、心理学を学んだ人、それぞれに異なるものの見方を習得しているものである。大学で学習する学問は実社会に出て使えないといわれるが、それは各学問分野がそれぞれに持っている方法論を習得しないからであり、きちんと学べば必ず社会人になってからも、ものを見たり、考えたりする上で役立つと言える。

同じようにものを考えるフレームを提供してくれるものに「歴史」がある。現代起こっていることは長い歴史の結果起こっている。そして往々にして歴史は繰り返す。そのため歴史を学ぶことは現在起こっていることを理解する上でとても役立つ。中学や高校で学ぶ歴史が太古から始まり明治維新頃まででほとんど終わってしまうことをとても残念に思う。現代史をもっと大事にして、現代からさかのぼるように歴史を学べば、大いにものを見る力を養うことにつながると思うのだが。

ビジネスの分野でも歴史は重要である。ビジネスモデルがどのように変化してきたか、サービスの定義はどのように変化してきたか、など過去にさかのぼって整理してみると、これからの道が見えてくることがある。

原因追究には、「なぜ?」を繰り返せといわれる。安直に事実を受け止めてしまうと、本質が見えてこない。そこで見えるまで「なぜ?」を繰り返せというのである。この「なぜ?」を繰り返すという風土は多くの優良企業に定着していて、実践されている。トヨタ自動車もその企業の一つだが、トヨタにはさらに「現地現物」という言葉が浸透している。現場に行って現物を見なければ本質はわからないということだろう。現場を重視し、「なぜ？」を繰り返しながら本質に迫っていく。このような行動・姿勢はあらゆる仕事に必要なことなのである。

## (2) 計画立案力

計画立案力とは、課題解決のための適切な計画を立てる力である。

まず、ゴールイメージを明確にして目標を立てる「目標設定」にはじまり、目標の実現に向けたシナリオを描く「シナリオ構築」に続き、目標の実現や課題解決に向けての見通しを立てる「計画評価」、幅広い視点からリスクを想定し、事前に対策を講じる「リスク分析」へと至る。

まず目標設定だが、単純にゴールを決めるということであれば、やさしいと感じるだろう。たとえば一つの習慣として「目標設定癖」を持っている人がいる。単純作業をするにも、〇分で仕上げよう、とか〇回続けようとか、とにかく何でも目標を決めて取り組む習慣がある人である。これはとても重要な基礎力なのだが、対課題能力というよりは対自己能力の中の自信創出力である。つまり自分のやる気を維持するための技術としてそのような習慣を身につけているということで、問題解決につながる目標設定とは違う。

対課題能力としての目標設定は、「イメージング」である。どうなればいいのか、どういう状態に至れば課題がクリアされた状態と言えるのかを現実的に設定するのである。成功への道筋をイメージし、想像する力がなければ、仮に目標を決めたとしても、それが本当に問題解決につながる目標がどうかはわからない。後に説明する「思考力」というものに裏打ちされた「イメージング」であり、思考力を鍛え、経験を積むことによって磨かれるものである。

その上で目標達成に向けてのシナリオを構築することになるが、この「シナリオ構築」が極めて高度な基礎力と言えるだろう。昨今ではシナリオ・メイキングに関するノウハウ書も多く出ているが、相当に論理的かつ創造的な思考力をベースとして持っていなければ身につかない能力だ。

目標達成に向けてのプロセスは一つではない。たくさんの道筋がある。その数多い中から、最も適したものを一つ選び計画に落とすのである。

シナリオ構築について広く知られているのは、事業戦略立案のためのシナリオ・プランニングという手法であろう。事業の中長期計画を策定する際に用いられるもので、将来は不確実であるとの前提のもとに、複数の起こりうるストーリーを予測し、それぞれに適切な対応をとれるように準備を進めておくというものだ。一九七〇年代のオイルショックのときに、石油会社のロイヤル・ダッチ・シェルがこの手法を用いて一人勝ちしたことで知られるようになった。

①幅広く情報を収集する、②大きなインパクトを与えるドライビング・フォース（推進する力となるもの）を抽出する、③未来のストーリーを描き複数のシナリオにまとめる、④シナリオごとに戦略のオプションを決める――という手順で進められる。

日常業務の中でのシナリオ構築はより短期的なものであり、複数のシナリオを構築するというよりは実現したいシナリオを描くということが主体になるだろう。しかし、手順としては「情報収集」「ドライビング・フォースの抽出」「シナリオ構築」「行動計画の作成」であり、もしも事業戦略立案でシナリオ・プランニングを体験する機会があれば、大いに勉強になるだろう。

また、普段から「段取り」を組むという習慣を身につけることが、このシナリオ構築力向上につながる。自分のやるべきことを、手順とスケジュールに落とすことが「段取り」というものので、逆に段取りがつけられない人は、仕事の期限が守れない困った人である可能性が高い。慣れていないうちは、やるべきことが目の前にあったら、まず手順とタイムテーブルを書くようにするとよい。

シナリオ構築では、人の配置も重要だ。誰を巻き込み、誰にどの仕事を割り振るか、などの設定もしなければならない。

シナリオ構築力がある人は、すぐれたリーダーになる資質を持っている。身についていると感じるならば、大いに自分の能力に自信を持ってよい。

最後に計画評価やリスク分析になるが、これは目標設定〜シナリオ構築とは本質的に異なる能力である。計画評価やリスク分析は冷静かつ客観的にシナリオを見つめる力だからである。はじめから冷静かつ客観的ではシナリオは描けない。しかし、シナリオをつくった後には、一度覚めた目でそのシナリオを見直してみることが必要なのである。

このような使い分けができる人は、結果的に適切な計画を立案することができる人であり、対自己能力も高い人であろう。ちなみにこの計画立案力はプロジェクトリーダーに必須の能力である。

### (3) 実践力

実践力とは、立案された計画に基づき、それを実際の行動に移す力である。

まず着手することで、それを「実践行動」と名付けた。その上で、行動しながら適宜、内容に修正や微調整を加える「修正・調整」を行い、最終的には結果を「検証」し、次の「改善」へとつなげてゆく。

実践行動は実行力という言葉で語られることが多いだろう。評論家になるのではなく、実際にやってみる、行動してみるという力である。古くは当事者意識という言葉に包含されていたものだ。キャリアデザインにおいても、内省よりも行動が重要であることは第Ⅰ部・第Ⅱ部の中でも繰り返し説明したが、課題解決全般に拡大しても同じことが言えるのである。「課題発見」→「計画立案」→「実践」という順序で対課題能力を説明しているが、実際にはこの順序で進むわけではなく、より複雑にこれらが交錯して進んでいく。ある段階まで課題が見えたり、シナリオができたりしたら、行動に起こしてみて、修正を加えていくのである。その企画と実行の行ったり来たりが現実の課題解決では必須になるのである。

問題を前にして立ち止まっているのでは何も解決しない。行動する中から情報を得て、その情報を基に次の計画を練るという姿勢が大事になる。考えずに行動するのではない。情報を集め、シナリオ（仮説）をつくったら、行動に移すのである。「まずやってみよう」という考え方ができて、着手までの時間が短い人ほど問題解決のゴールへは早くたどり着くのだ。

また実践の中での、調整・微修正を柔軟に行えるということは、制度の運用力があるということにもなる。マニュアルをただ鵜呑みにして実行するだけでなく、そのマニュアルでは想定していなかった事態について、現場での適切な判断をして、「運用」でカバーするのである。

どのような制度も、運用が悪ければ目標とする成果をあげることはできない。逆に現場の運用力が強ければ精緻な制度設計をしなくとも、現場の判断に任せることで適切に物事を進めてゆけるのである。このような習慣や能力が身についていれば、業種を問わずに良い業績があげられるであろう。強い運用力を持った人が現場にいる企業は一般的に高い競争力を持っていると言えるだろう。

あらゆる知的活動は、すべて「仮説」→「検証」スタイルでできあがってゆく。いくら机上の計画で完成度の高いものをつくっても、それだけではだめで、仮説のもとに実際に調査なり実践なりを行ってみて、その上で検証できたものとそうでなかったものを分類し、修正を加えていくのである。この繰り返しの中からすべての知的生産物ができあがっていくのだ。

事業戦略上用いる方法に、フィジビリティ・スタディ（事業可能性調査）がある。これはシナリオに基づいて、実際に期限を決めて事業を行い、その結果から本格的に事業を展開するか否かを判断するというものである。このような、一定の条件（ある目標をクリアできなかったら撤退するなど）付きで実践行動に入る方法は、組織や個人の実践力を高める上で有効であろう。

実践力が高いということは現場における有能さを示すと言っていいだろう。それはまた、対

**図19　知的生産活動の体系**

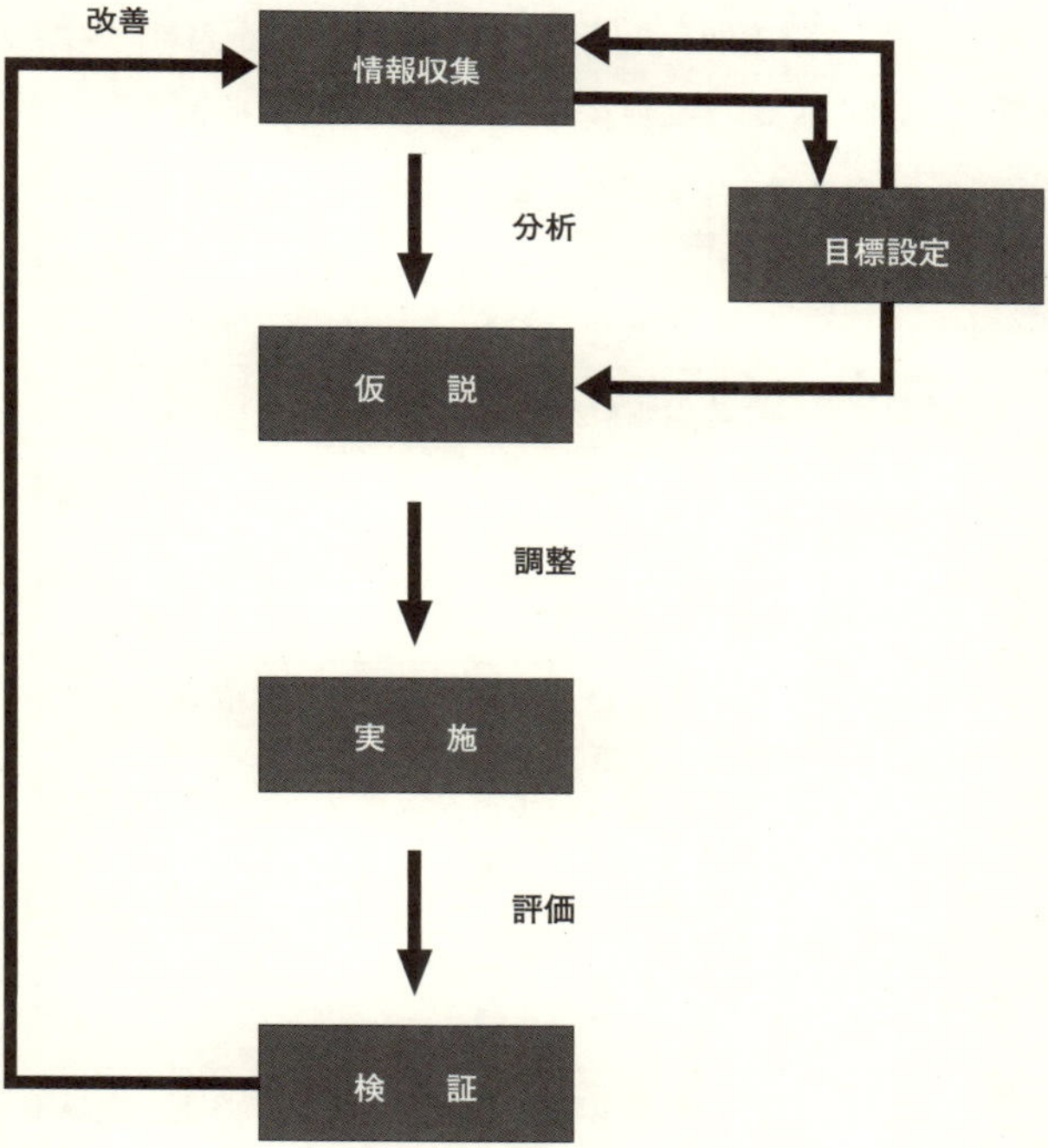

## 図20　対課題能力

| | | |
|---|---|---|
| 課題発見力 | 課題の所在を明らかにし、必要な情報分析を行う | |
| | 情報の収集 | 必要な情報を適切な方法で収集する |
| | 本質理解 | 客観的な事実に基づき、本質を見極める |
| | 原因追究 | さまざまな角度から課題を分析し原因を明らかにする |
| 計画立案力 | 課題解決のための適切な計画を立てる | |
| | 目標設定 | ゴールイメージを明確にして、目標を立てる |
| | シナリオ構築 | 目標の実現に向けたシナリオを描く |
| | 計画評価<br>リスク分析 | ・目標の実現や課題解決に向けての見通しを立てる<br>・幅広い視点からリスクを想定し、事前に対策を講じる |
| 実践力 | 実践行動をとる | |
| | 実践行動 | 自ら行動を起こす |
| | 修正／調整 | 行動しながら適宜、内容に修正や微調整を加える |
| | 検証／改善 | 結果を検証し、次への改善につなげる |

出所：リクルートワークス研究所

自己能力における行動継続力とも密接に関連していて、この両者から「やりきる力」を生み出すのである。

### (4)　対課題能力を高めるということ

対課題能力はここ一〇年程度の間にその重要性が急速に高まった能力である。今まで通りのやり方で協調性を発揮してこなしてゆけばよいという時代には注目されなかった力である。大企業ほど、この対課題能力を重要と考えている傾向が窺える。しかし、同時に大企業の従業員の多くに足りない能力であるということもできる。それだけに、多くの大企業が「ないものねだり」で新人に対課題能力を求める。

また、管理職登用でこの対課題能力がより重要視されることになる。リーダーのポジションになればなおさら対課題能力は必要になるからだ。

個人から見ても、自分自身の対課題能力が高まれば高まるほど、仕事はエキサイティングなゲームとなり楽しくなる。そのため、対課題能力の向上は、仕事に対する「態度」を良い方向に導く効果もあるだろう。

## 5　処理力・思考力

処理力や思考力は、能力をパソコンにたとえれば、CPU（中央演算処理装置）にあたる。処理力や思考力が高ければ高いほど、早くものを理解し、習得し、答えを出すことができる。この能力を鍛えるのは主に若いとき。高校生くらいまでにおおよその力は形成され、その後は加齢とともにむしろ減退してゆく能力である。学校の各学科の勉強をすることでその力をつけることができるが、その中心は国語と数学と言われている。

### (1)　処理力

処理力には大きく二つに分けて「言語的処理力」と「数量的処理力」とがある。

この処理力を測るものとしてよく知られているのが、多くの企業が採用試験に取り入れているSPI試験[19]（Synthetic Personality Inventory）である。SPIには適性を測るものと、この処理力的能力を測るものが組み合わされていて、「言語（つまり言語的処理力）」と「非言語（つまり数量的処理力）」のスコアが具体的な数字で示される。

言語は簡単に言えば国語の問題で、長文読解、同義語・反意語、同音異義語・同音異字語、慣用句、四字熟語、ことわざなどの比較的簡単な問題が大量に出る。非言語は簡単に言えば数学と物理の問題で、方程式・不等式、集合、数列、図形、時間・距離・速度、加速度、電気抵抗などの問題がこれまた大量に出る。それを短い制限時間内にどこまでできるかで処理力を見ようとするのである。

処理力のある人は入社後に研修やＯＪＴなどで教育訓練したときに吸収が早く、成長も早いものだ。そのことの価値は仕事上とても大きなものなのである。

また事務処理能力という言葉が企業内ではよく使われるが、これは処理力や段取りの良さなどの力を統合したものだろう。さらに速聴、速読なども処理力の一種であり、これらは訓練によって高めることができる。

### (2)　思考力

思考力には「論理的思考力」と「創造的思考力」とがある。

思考力は、論理的に考えようとか新しいものを創造しようという「態度」と具体的に思考するための「思考技術」とによって形成される。

たとえば論理的思考力は、まず物事の真実を探求しようという態度がなければ生まれない。その上で、「帰納法」「演繹法」などの思考技術を使って考えるのである。演繹法とは、一つの絶対的真実から多くの新しい真実を生み出していく方法で、論理学や数学などの形式科学で用いられる方法である。演繹法で導き出された真実は誰も否定することができないものだが、現実を説明するには十分でない。一方、帰納法は多数の個別的な事柄から一つの一般法則を導き出そうとする方法で、物理学や化学などの経験科学で用いられる。内容的にはさまざまな知見が得られるが絶対的に正しい結論を導き出すことは不可能である。ミル[20]（J. S. Mill）は、この二つの思考を組み合わせた演繹的帰納法を提唱したが、このような思考法を理解することによって論理的思考が促進されるだろう。

論理的思考力は、ビジネス上の判断・意思決定を支えるものなので、ミッションが重くなればなるほど重要性が増してくる。しかし、その力を身につけることは一朝一夕には無理で、思考経験の蓄積が必要になる。

創造的思考も同様に態度と思考技術の組み合わせによって成り立つ。ギルフォード[21]（J. P. Guilford）は、創造性を支える態度として「あいまいさに対して寛容である」「冒険を好む」「自信が強い」「独創性を重視する」「変化を好む」「達成心が強い」をあげている。

代表的な思考技術では、「ブレーンストーミング」と「KJ法」があげられるだろう。創造的な思考のプロセスには「発散のプロセス」と「収束のプロセス」があり、発散のプロセスの代表的な方法がブレーンストーミングで、収束のプロセスの代表的な方法がKJ法である。

ブレーンストーミングは広く知られている方法だが、もともとはアメリカの広告会社の社長であったオズボーン（A. F. Osborn）が一九三九年に発案・実用化したものである。①「出てきたアイデアを評価・批判しない」、②「自由な雰囲気の中でおこなう」、③「質より量でとにかく多くのアイデアを出す」、④「出されたアイデアに他のメンバーが上乗せしてアイデアを加えていく」という基本ルールに基づいて行われるミーティングである。

KJ法は川喜田二郎[22]によって開発された、もともとは文化人類学の研究手法であり、膨大な量の質的情報から創造的結論を導き出すための方法である。もとのアイデアを一つずつラベルに書き込み、それをグループ化して、グループ同士の関係性を見るというもので、最終的には平面的に配置されたラベル・グループをにらみながら文章化してゆく。

このような方法を用いて、発散のプロセスと収束のプロセスをたどれば、比較的スムーズに創造的な思考ができるだろう。二つの思考技術は大学のゼミなどで実際に学習することが多いに違いない。

さらに創造的思考力を高めようと思えば、それは「インプット」を増やして「心を開放する」しかないだろう。すべての創造性はけっして思いつきではない。その背景には情報収集や問題意識の積み上げがあり、それがある瞬間にひらめきを生むのである。いわゆる「ユーレカ(Eureka)」である。

これはアルキメデスが長い間考えていてわからなかった王冠の真偽判定で、風呂に入ったときに湯があふれ出し体の重さも軽くなることから「比重」ということに気づいたエピソードから来ている。アルキメデスはうれしさのあまり裸で「ユーレカ!」(わかった!)と叫んで町を走り回ったというのである。悩み続け、考え続けていたことが何かをきっかけとして突然わかることが創造性なのである。

心の開放とは、極度の緊張状態や、やらされ感でやっている仕事の場面などの状態では創造性は生まれないという意味だ。たとえば、サーチ・エンジンの運営会社として知られるＧｏｏｇｌｅ(グーグル)という会社では、社員につくりたいと思うものを自由につくらせて、その後市場の判断を見て本格的に事業化するか否かを決めるという。自分がやりたいもの、つくりたいものをつくるという、心が開放された状態であるときには創造性は大いに発揮されやすくなるのである。

ただし、基本的に創造性は真似と紙一重である。人類が過去に積み上げてきた知的資産は膨大である。個人の創造性は簡単に過去を上回ることはできない。そのため、創造的思考は物真似の延長線から出てくると考えたほうが良い。はじめはお手本を見ながら真似ているうちに自分なりのアレンジが加わり、そこに創造的生産が生まれるのである。他の分野でやっていることもいい意味での物真似である。そのような真似が上手いことが（もちろん知的財産の法律を遵守した範囲での話だが）創造性の高さとイコールではないかと思う。

## 6　仕事に向かう態度

能力ではないが、極めて能力と近いものに態度がある。時には能力の一部として語られる場合もある。

「態度」「姿勢」「意欲」「価値観」「志向」などの言葉が入り混じって使われ、漠然と仕事に対するスタンスを示してきた。このようなものを総称して「態度」と呼ぶが、この「態度」は能力と密接な関係にあり、態度が能力を押し上げることもあれば、能力が態度を促進することもある。また思考力が態度と能力を合わせた能力であることを説明したように、しばしば能力と組み合わされて、重要な役割を演じるのである。

### (1) 動機

動機とは、仕事に対する「姿勢」である。姿勢は内面的なもので、普段は表面に出ることはないが、具体的な職務という対象物が目の前に現れたときに、「意欲」となって表面化する。よく「意欲のある人」という言い方をする人がいるが、対象物がないのに意欲を表面化している人は相当変わった人で、「この仕事」に意欲があるか？ と具体的に聞かれてはじめてYES／NOという答えが出るものだ。そのような意欲を持つ対象の固まりを「志向」という。ある仕事に対する意欲を高めようとして用意されるのがインセンティブであり、それによって動機が刺激され、意欲が喚起された状態（モチベートされた状態）になるのだ。対自己能力が高くて自分をやる気にさせることができる人は、自分自身の動機に刺激を与えて、動機を高め意欲を表面化させることができるだろう。もちろん基本的な「姿勢」というものができていての話だが。

自己を動機付けできる人は、適切に課題設定をすることも上手いだろう。ここで対自己能力、対課題能力とも結びついている。また、他人を動機付けすることは協働力として対人能力の一部を形成している。

### (2) 価値観

価値観は、なぜ仕事をするのか、仕事を人生の中でどのように位置付けるかという職業観であり、持続的な成長意識やプロ意識などの職業意識を指す。

動機ともゆるやかに重なり合っているが、より意識の側面を捉えたもので、一朝一夕に形成されるものではなく、時間をかけてつくられるものである。

価値観の基盤がしっかりしていなければ、いくら動機を刺激して意欲を喚起しても、場当たり的なものになってしまう。そのため、価値観をいかに形成するかについて早くから取り組む必要があるのである。

ここ数年、小学校・中学校・高校などにおいて、キャリア教育が注目を集めているが、これは職業観の養成を目的にしているものだ。ニートなどの働く意欲を持たない人を生み出さないように、早い段階から仕事に対する価値観を育てておこうという狙いである。

持続的な成長意識の強さは若年の特徴の一つであるが、これはむしろ若い世代の強みとなっている。この成長意識が対自己能力の行動持続力における継続学習の背景をつくっていると考えられるだろう。

態度―処理力・思考力―対人・対自己・対課題能力とは、極めて密接な関係にある。これらはさまざまなケースで、表となり裏となり仕事の場面で表れるのである。

## 注

1　**Fundamental Skills**　アメリカのSCANSレポートには、五つのコンピタンスとして「資源の活用」「人間関係」「情報」「システム」「テクノロジー」が、また三つのスキルとして「基礎スキル（読み、書き、計算など）」「思考スキル（創造的に考え、意思決定し、課題を解釈し、学び方を知り、推論する）」「人間的資質（責任感、自尊心、社交性、自己管理、誠実、正直さ）」をあげている。

2　**ビネ**　フランスの心理学者。知能テストの創始者。自作の最初の心理テストを自分の子供たちに使う。後にテオドール・シモンと共にこのテストを拡充し、一九〇八年ビネ＝シモン知能検査法を考案した。

3　**シュテルン**　ドイツの心理学者。人は目的・価値といった言葉で取り扱うときに真に理解できるとして、人格主義による心理学を提唱した。

4　**ターマン**　アメリカの心理学者。スタンフォード大学でビネ知能検査の英語版を開発。著書『*The Measurement of Intelligence*』（一九一六年）ではじめてIQという言葉を使う。

5　**スピアマン**　計量心理学者。一九〇四年に知能の数量的把握を目的とした分析で、因子分析のもとになる二因子説を提唱。相関係数も彼の見出した分析法である。

6 **マクレランド** アメリカの心理学者。達成動機の測定法を開発。また達成動機の個人差を規定する要因や、社会の繁栄と達成動機との関係などに関する比較文化的考察を行っている。

7 **ゴールマン** アメリカの心理学ジャーナリスト。一九九五年に出版した「*Emotional Intelligence*」は全米でベストセラーになり、日本でも『EQ―こころの知能指数』（講談社、一九九八年）として発売された。

8 **ガードナー** アメリカの心理学者。子供の天性の能力および、脳にダメージを受けた大人の能力という二つの研究に携わる。多面的な知能に関しては「*Frames of Mind*」（一九八三年）として発表。

9 **サロヴェイ** 心理学者。エール大学学長。メイヤーとともにEQ理論を提唱し、国立科学財団の若手研究者会長賞を受賞。共著に『EQマネージャー』（東洋経済新報社、二〇〇四年）がある。

10 **基本方針2002** 二〇〇二年六月二五日に閣議決定された我が国の戦略。人間力戦略を筆頭に「技術力」「経営力」「産業発掘」「地域力」「グローバル」の六つの戦略が設定された。

11　**マタラゾ**　シンクロニー傾向（同調傾向）の提唱者として知られる心理学者。一九六四年にこの面接実験を行っている。

12　**紹介**　スタンフォード大学のグラノヴェーダ教授による「弱い紐帯の強さ」に関する理論によれば、AとC、AとBが紐帯関係にあれば、BとCの間にも紐帯関係が生まれるという。紐帯とは、ひものように二つのものを結びつけてつながりをもたせること。その理論を用いれば紹介が紐帯関係を広げ、人脈形成に役立つということになる。

13　**三六〇度評価**　日常の職務行動を、上司だけでなく周囲の同僚や部下も含めた複数名の観察者が評価することで、職務遂行能力の発揮状況を把握する評価システム。

14　**福沢諭吉**　慶応義塾大学の創始者。著書に『学問のすゝめ』（岩波文庫、一九七八年）、『福翁自伝』（慶應義塾大学出版会、二〇〇〇年）など。

15　**チクセントミハイ**　フローについては『フロー体験　喜びの現象学』（世界思想社、一九九六年）を参照のこと。

16　**バンデューラ**　社会的学習理論の構築や自己効力感の提唱で知られる心理学者。著書に『激動社会の中の自己効力』（金子書房、一九九七年）『モデリングの心理学　観察学習の理論と方法』(金子書房、一九八五年)など。

17 **方法記憶** 記憶には「知識記憶」「経験記憶」「方法記憶」があり、方法記憶は体で覚える記憶である。「How To」の記憶で、他の二つの記憶と比べて忘れにくい。

18 **エビングハウス** ドイツの実験的心理学者。知能検査や学習と記憶に関する研究に取り組む。著書に『記憶について 実験心理学への貢献』(誠信書房、一九七八年)など。

19 **SPI試験** 一九七四年にリクルートが開発した適性テスト。能力適性検査と性格適性検査からなり、多くの企業で採用試験に使われている。

20 **ミル** ジョン・スチュアート・ミル。哲学者・経済学者。代表的な著書に『自由論』『経済学原理』『論理学体系』などがある。

21 **ギルフォード** 元南カリフォルニア大学心理学教授。生涯にわたり知能や創造性に関する研究に取り組む。著書に「*Creative Talents: Their nature, uses, and development*」(一九八六年)など。

22 **川喜田二郎** 文化人類学者。東京工業大学名誉教授。ネパールの研究などに取り組み、マグサイサイ賞受賞。情報整理の技法としてKJ法を考案。著書に『発想法 創造性開発のために』(中央新書、一九六七年)など。

# あとがき——能力がキャリアをつくる

キャリアのスタートを切ってから、専門分野を決めるまでの時期を、私は「筏下り」のときと呼んだ。この時期は、どの仕事をするにしても必要になる「基礎力」を身につけることが大切で、基礎力が、先行きが見えず偶然性に支配されているキャリアというものの中で、良き機会を生み出し機会を活かす役割を演じてくれるのである。

また、ある時期（多くの人にとっては三〇代半ば）からは、自分の専門領域でのキャリアを描くときで、私が「山登り」と呼んでいる時期に入る。専門分野を一つに腹決めをして、その選んだ専門を極め、山の頂上を目指すキャリア段階で、この時期には専門力を磨くことがテーマになると考える。

つまり、キャリアをデザインすると言っても、選択や意思決定をするという行為は、はじめての職業を選ぶ就職活動の時期や、「筏下り」から「山登り」に切り替える時期などの一時期のことであり、多くのキャリアデザインの行為は、能力を高めることに費やされるのである。

そこで私は、キャリアデザインの能力論的アプローチを提唱した。キャリアデザインということは、実は自分自身の能力をいかに高めるかという戦略や行動によるのであり、ある特定の時期に、その積み上げた能力を活かして選択を行うと考えてみてほしい。

そうすると日々何をすることがキャリアの成功を導き出すことなのか、クリアに見えてくるに違いない。

キャリアの自律というのは、自分が何をやりたいかをはっきりして自ら行動を起こすことだ、と考えると、それは間違ってはいないが、ではどうしたらいいかというと途方に暮れてしまう。キャリアの問題を内省の問題と捉えず、能力を高める行動の問題と捉えれば、自分探しの罠にはまることもなく、視界が晴れた状態で前に進むことができるのではないだろうか。

続いて「専門力編（Ⅱ巻）」では、この後のキャリアである、山登り以降のキャリアデザインを考えてみたい。山登り年齢に達している人はもちろん、まだ筏下り段階の人にも、先々のキャリアイメージを描くために読んでみてもらいたい。

## 〈A〉 経済・金融

1 経済指標の読み方(上) 日本経済新聞社
2 経済指標の読み方(下) 日本経済新聞社
3 貿易の知識 小峰 隆夫
5 外国為替の実務 東京リサーチインターナショナル
6 貿易為替用語辞典 東京リサーチインターナショナル
7 外国為替の知識 国際通貨研究所
8 金融用語辞典 深尾 光洋
13 銀行取引の知識 吉原 省三
14 手形・小切手の常識 井上 俊雄
15 生命保険の知識 ニッセイ基礎研究所
17 クレジットの知識 植田 蒼
18 リースの知識 宮内 義彦
19 株価の見方 日本経済新聞社
21 株式用語辞典 日本経済新聞社
24 株式公開の知識 加藤・松野
26 EUの知識 藤井 良広
30 不動産評価の知識 武田 公夫
32 不動産用語辞典 日本不動産研究所
33 介護保険のしくみ 牛越 博文
34 保険の知識 真屋 尚生
35 クレジットカードの知識 水上 宏明
36 環境経済入門 三橋 規宏
38 デリバティブの知識 千保 喜久夫
39 格付けの知識 日本格付投資情報センター
40 損害保険の知識 玉村 勝彦
41 投資信託の知識 川原 淳次
42 証券投資理論入門 大村・俊野
43 ネット証券取引 大崎 貞和
44 証券化の知識 大橋 和彦
45 入門・貿易実務 椿 弘次
46 PFIの知識 野田 由美子
47 デフレとインフレ 内田 真人
48 わかりやすい企業年金 久保 知行
49 通貨を読む 滝田 洋一
50 テクニカル分析入門 田中 勝博
51 日本の年金 藤本 健太郎
52 石油を読む 藤 和彦
53 株式市場を読み解く 前田 昌孝
54 商品取引入門 日本経済新聞社
55 日本の銀行 笹島 勝人
56 デイトレード入門 廣重 勝彦
57 有望株の選び方 鈴木 一之
58 中国を知る 遊川 和郎

## 〈B〉 経営

9 経営計画の立て方 神谷・森田
11 設備投資計画の立て方 久保田 政純
13 研究開発マネジメント入門 今野 浩一郎
17 現代の生産管理 小川 英次
18 ジャスト・イン・タイム生産の実際 平野 裕之
23 コストダウンのためのIE入門 岩坪 友義
25 在庫管理の実際 平野 裕之
28 リース取引の実際 森住 祐治
30 会社のつくり方 成毛 眞
32 人事マン入門 桐村 晋次
33 人事管理入門 今野 浩一郎
34 能力主義人事の手引 竹内 裕
36 賃金決定の手引 笹島 芳雄
37 年俸制の実際 宮本 眞成
38 人材育成の進め方 桐村 晋次
41 目標管理の手引 金津 健治
42 OJTの実際 寺澤 弘忠
43 管理者のためのOJTの手引 寺澤 弘忠
45 販売予測の知識 小林 健吾
46 セールス・マネジメント入門 廣田 達衛
47 コンサルティング・セールスの実際 山口 弘明
48 新入社員のための営業マン入門 山口 裕
49 セールス・トーク入門 笠巻 勝利
50 リスク・マネジメント入門 高梨 智弘
51 リサイクルの知識 萩原・指田
53 ISO9000の知識 中條 武志
55 企業診断の実際 宮崎・柳田
56 キャッシュフロー経営入門 中沢・池田

## 〈C〉 会計・税務



## 〈D〉 法律・法務

6 取締役の法律知識　中島　茂
7 監査役の法律実務　藤野信雄
8 担保・保証の実務　岩城謙二
9 契約書作成の手引　本谷康人
11 不動産の法律知識　鎌野邦樹
13 Q&Aリースの法律　伊藤・川畑
14 独占禁止法入門　厚谷襄児
15 知的財産権の知識　寒河江孝允
17 PLの知識　三井・猪尾
18 就業規則の知識　外井浩志
19 Q&A　PLの実際　三井・相澤
20 リスクマネジメントの法律知識　長谷川俊明
21 総務の法律知識　中島　茂
22 環境法入門　畠山・大塚・北村
23 ネットビジネスの法律知識　牧野和夫
24 株主総会の進め方　中島　茂
25 Q&A「社員の問題行動」対応の法律知識　山田秀雄
26 個人情報保護法の知識　岡村久道
27 倒産法入門　田頭章一
28 銀行の法律知識　階・渡邉
29 債権回収の進め方　池辺吉博
30 金融商品取引法入門　黒沼悦郎
31 会社法の仕組み　近藤光男

## 〈E〉流通・マーケティング

4 流通用語辞典　日本経済新聞社
5 物流の知識　宮下・中田
6 ロジスティクス入門　中田信哉
13 マーケティング戦略の実際　水口健次
16 ブランド戦略の実際　小川孔輔
17 マーケティング・リサーチ入門　近藤光雄
20 エリア・マーケティングの実際　米田清紀
22 店頭マーケティングの実際　大槻　博
23 マーチャンダイジングの知識　田島義博
27 現代の外食産業　茂木信太郎
28 広告入門　梶山　皓
29 広告の実際　志津野知文
30 広告用語辞典　日経広告研究所
32 マーケティングの知識　田村正紀
33 商品開発の実際　高谷和夫
34 セールス・プロモーションの実際　渡辺・守口
35 マーケティング活動の進め方　木村達也
36 売場づくりの知識　鈴木哲男
37 eブランド戦略　須藤実和
38 チェーンストアの知識　鈴木　豊
39 コンビニエンスストアの知識　木下安司
40 CRMの実際　古林　宏
41 マーケティング・リサーチの実際　近藤・小田
42 接客販売入門　北山節子
43 フランチャイズ・ビジネスの実際　内川昭比古
44 競合店対策の実際　鈴木哲男
45 インターネット・マーケティング入門　木村達也
46 マーケティング用語辞典　和田・日本マーケティング協会
47 ヒットを読む　品田英雄
48 小売店長の常識　木下・竹山
49 ロジスティクス用語辞典　日通総合研究所

## 〈F〉経済学・経営学入門

1 経済学入門（上）　篠原三代平
2 経済学入門（下）　篠原三代平
3 ミクロ経済学入門　奥野正寛
4 マクロ経済学入門　中谷　巌
7 財政学入門　入谷　純
8 国際経済学入門　浦田秀次郎
9 金融　鈴木淑夫
10 マネーの経済学　日本経済新聞社
12 産業構造入門　小野五郎
13 産業連関分析入門　宮沢健一
14 計量経済学入門　宮川公男
15 経済思想　八木紀一郎
16 コーポレート・ファイナンス入門　砂川伸幸
20 現代統計学（上）　國友直人
21 現代統計学（下）　國友直人
22 経営管理　野中郁次郎
23 経営戦略　奥村昭博
24 OR入門　宮川公男
25 現代企業入門　土屋守章
27 国際経営　安室憲一

28 労働経済学入門　大竹文雄
29 ベンチャー企業　松田修一
30 経営組織　金井壽宏
31 ゲーム理論入門　武藤滋夫
32 国際金融入門　小川英治
33 経営学入門（上）　榊原清則
34 経営学入門（下）　榊原清則
35 金融工学　木島正明
36 経営史　安部悦生
37 経済史入門　川勝平太
38 はじめての経済学（上）　伊藤元重
39 はじめての経済学（下）　伊藤元重
40 組織デザイン　沼上幹
51 マーケティング　恩蔵直人
52 リーダーシップ入門　金井壽宏
53 経済数学入門　佐々木宏夫
54 経済学用語辞典　佐和隆光

## 〈G〉 情報・コンピュータ

4 POSシステムの知識　荒川圭基
7 電子マネー入門　岩村充
9 EDIの知識　流通システム開発センター
10 英文電子メールの書き方　ジェームス・ラロン
11 エレクトロニック・コマース入門　井上英也
12 営業革新システムの実際　角川淳

## 〈H〉 実用外国語

1 ビジネスマンの基礎英語　尾崎哲夫
2 経済英語入門　石塚雅彦
3 金融証券英語辞典　日本経済新聞社
5 ビジネス法律英語辞典　阿部・長谷川
6 商業英語の手ほどき　羽田三郎
11 英文契約書の書き方　山本孝夫
17 はじめてのビジネス英会話　セイン・森田
18 プレゼンテーションの英語表現　セイン／スプーン
19 ミーティングの英語表現　セイン／スプーン
21 英文契約書の読み方　山本孝夫

## 〈I〉 ビジネス・ノウハウ

1 企画の立て方　星野匡
2 会議の進め方　高橋誠
3 報告書の書き方　安田賀計
5 プレゼンテーションの進め方　山口弘明
7 「図解表現」入門　飯田英明
8 ビジネスマナー入門　梅島・土舘
9 発想法入門　星野匡
10 交渉力入門　佐久間賢
12 ディベート入門　北岡俊明
14 意思決定入門　中島一
16 ビジネスパーソンのための書き方入門　野村正樹
18 ビジネスパーソンのための話し方入門　野村正樹
19 モチベーション入門　田尾雅夫
21 レポート・小論文の書き方　江川純
22 問題解決手法の知識　高橋誠
23 アンケート調査の進め方　酒井隆
24 ビジネス数学入門　芳沢光雄
25 ネーミング発想法　横井惠子
26 調査・リサーチ活動の進め方　酒井隆
28 ロジカル・シンキング入門　茂木秀昭
29 ファシリテーション入門　堀公俊
30 システム・シンキング入門　西村行功
31 メンタリング入門　渡辺・平田
32 コーチング入門　本間・松瀬
33 キャリアデザイン入門［I］　大久保幸夫
34 キャリアデザイン入門［II］　大久保幸夫
35 セルフ・コーチング入門　本間・松瀬
36 五感で磨くコミュニケーション　平本相武
37 EQ入門　高山直
38 時間管理術　佐藤知一
39 情報探索術　関口和一
40 ファイリング＆整理術　矢吹信一郎

## ベーシック版

1 マーケティング入門　相原修
2 金融入門　日本経済新聞社
3 財務諸表入門　佐々木秀一

| | | |
|---|---|---|
| 4 | 簿記入門 | 桜井憲二 |
| 6 | 手形入門 | 秦　光昭 |
| 7 | 不動産入門 | 日本不動産研究所 |
| 8 | 会社入門 | 日本経済新聞社 |
| 9 | 外国為替入門 | 日本経済新聞社 |
| 10 | 日本経済入門 | 岡部直明 |
| 11 | 世界経済入門 | 日本経済新聞社 |
| 12 | 株式入門 | 日本経済新聞社 |
| 14 | 生産入門 | 谷津　進 |
| 15 | 貿易入門 | 久保広正 |
| 16 | 経営入門 | 高村寿一 |
| 17 | 会社法入門 | 宍戸善一 |
| 18 | 会計入門 | 木下徳明 |
| 20 | アメリカ経済 | みずほ総合研究所 |
| 23 | エネルギー問題入門 | 田中紀夫 |
| 26 | 環境問題入門 | 小林・青木 |
| 28 | 世界の紛争地図 | 日本経済新聞社 |
| 33 | 医療問題 | 池上直己 |
| 34 | IT経済入門 | 篠﨑彰彦 |
| 35 | 金融マーケット入門 | 倉都康行 |
| 36 | 流通のしくみ | 井本省吾 |

**ビジュアル版**

| | | |
|---|---|---|
| 1 | 経営分析の基本 | 佐藤裕一 |
| 3 | マーケティングの基本 | 野口智雄 |
| 4 | 証券の基本 | 熊谷　巧 |
| 5 | 経営の基本 | 武藤泰明 |
| 6 | 流通の基本 | 小林隆一 |
| 7 | 経理の基本 | 片平公男 |
| 8 | 貿易・為替の基本 | 山田晃久 |
| 9 | 日本経済の基本 | 小峰隆夫 |
| 10 | 金融の基本 | 高月昭年 |
| 11 | 世界経済の基本 | 貞広　彰 |
| 12 | マネジメントの基本 | 高梨智弘 |
| 13 | 人事の基本 | 北島雅則 |
| 14 | 品質管理の基本 | 内田　治 |
| 15 | 保険の基本 | 森宮　康 |
| 16 | 会社税務の基本 | 高木・小林 |
| 17 | 広告の基本 | 清水公一 |
| 18 | IT活用の実際 | 内山　力 |
| 19 | マネジャーが知っておきたい 経営の常識 | 内山　力 |
| 20 | 株式会社の基本 | 柴田和史 |
| 21 | ナレッジマネジメント入門 | 紺野　登 |
| 22 | マーケティングの先端知識 | 野口智雄 |
| 23 | キャッシュフロー経営の基本 | 前川・野寺 |
| 24 | 企業価値評価の基本 | 渡辺　茂 |
| 25 | M&Aの基本 | 前川・野寺・松下 |
| 26 | ニューテクノロジーの基本 | 野口・三菱総合研究所 |

**〈N〉業界研究シリーズ**

| | | |
|---|---|---|
| 1 | 自動車 | 中西孝樹 |
| 2 | 電機 | 片山栄一 |
| 3 | 通信 | 増野大作 |
| 5 | 鉄鋼 | 山口　敦 |
| 4 | ITサービス | 佐藤博子 |
| 6 | 化学 | 金井孝男 |
| 8 | 食品・飲料 | 佐治　広 |
| 9 | 繊維 | 村松高明 |
| 10 | 小売り | 朝永久見雄 |
| 11 | 商社 | 吉田憲一郎 |
| 12 | 銀行 | 野﨑浩成 |
| 13 | 生保・損保 | 岡本光正 |
| 14 | 建設 | 高木　敦 |
| 15 | 電力・ガス | 圓尾雅則 |

**大久保幸夫**（おおくぼ・ゆきお）
1983年一橋大学経済学部卒業。同年、㈱リクルート入社。人材総合サービス事業部企画室長、地域活性事業部事業部長などを経て、1999年人と組織の研究機関であるリクルート ワークス研究所を立ち上げ、所長に就任。専門は人材マネジメント、労働政策、キャリア論。著書に『ビジネス・プロフェッショナル』（ビジネス社）、『仕事のための12の基礎力』（日経BP社）、『能力を楽しむ社会』（日本経済新聞社）、『正社員時代の終焉』（編著、日経BP社）、『新卒無業。』（編著、東洋経済新報社）等。

日経文庫1096

**キャリアデザイン入門Ⅰ　基礎力編**

2006年3月15日　1版1刷
2007年4月6日　　5刷

著　者　大久保幸夫
発行者　羽土　力
発行所　日本経済新聞出版社
http://www.nikkeibook.com/
東京都千代田区大手町1-9-5 郵便番号 100-8066
電話（03）3270-0251

印刷 広研印刷　製本 トキワ製本所

ISBN978-4-532-11096-3


読後のご感想を弊社ウェブサイトにお寄せください。
http://www.nikkeibook.com/bookdirect/kansou.html